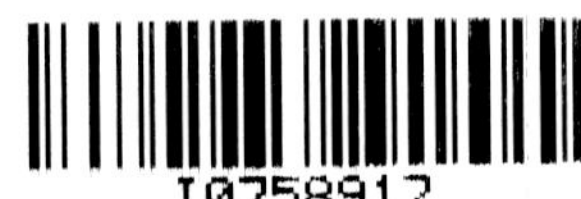

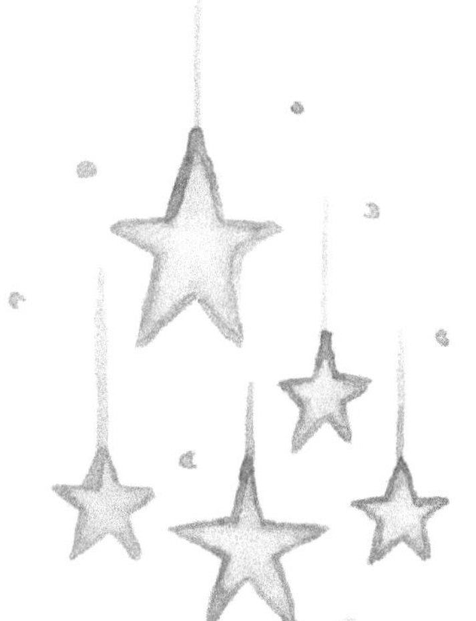
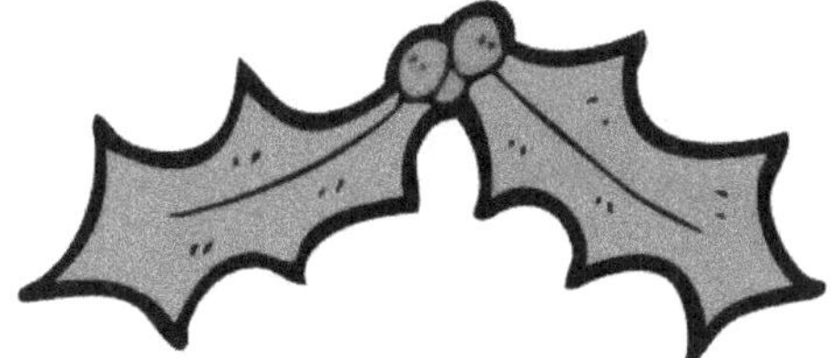
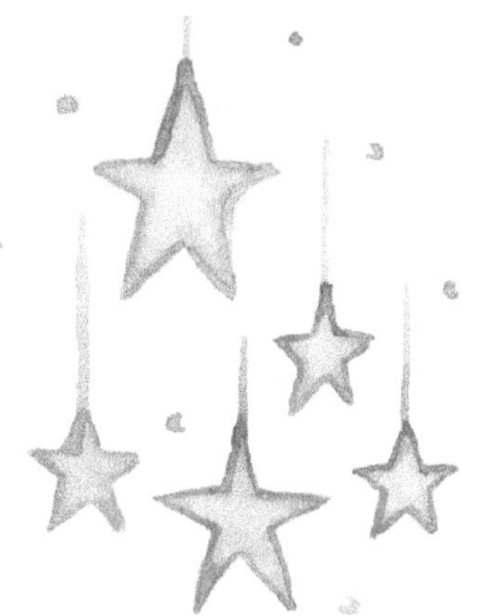

This Book Belong To

____

____

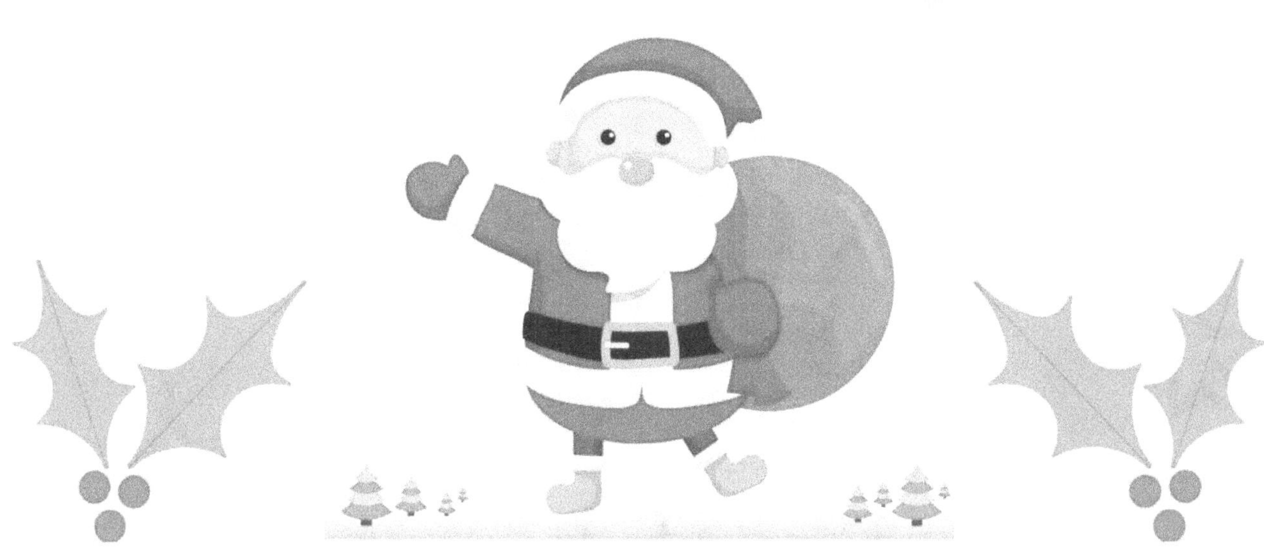

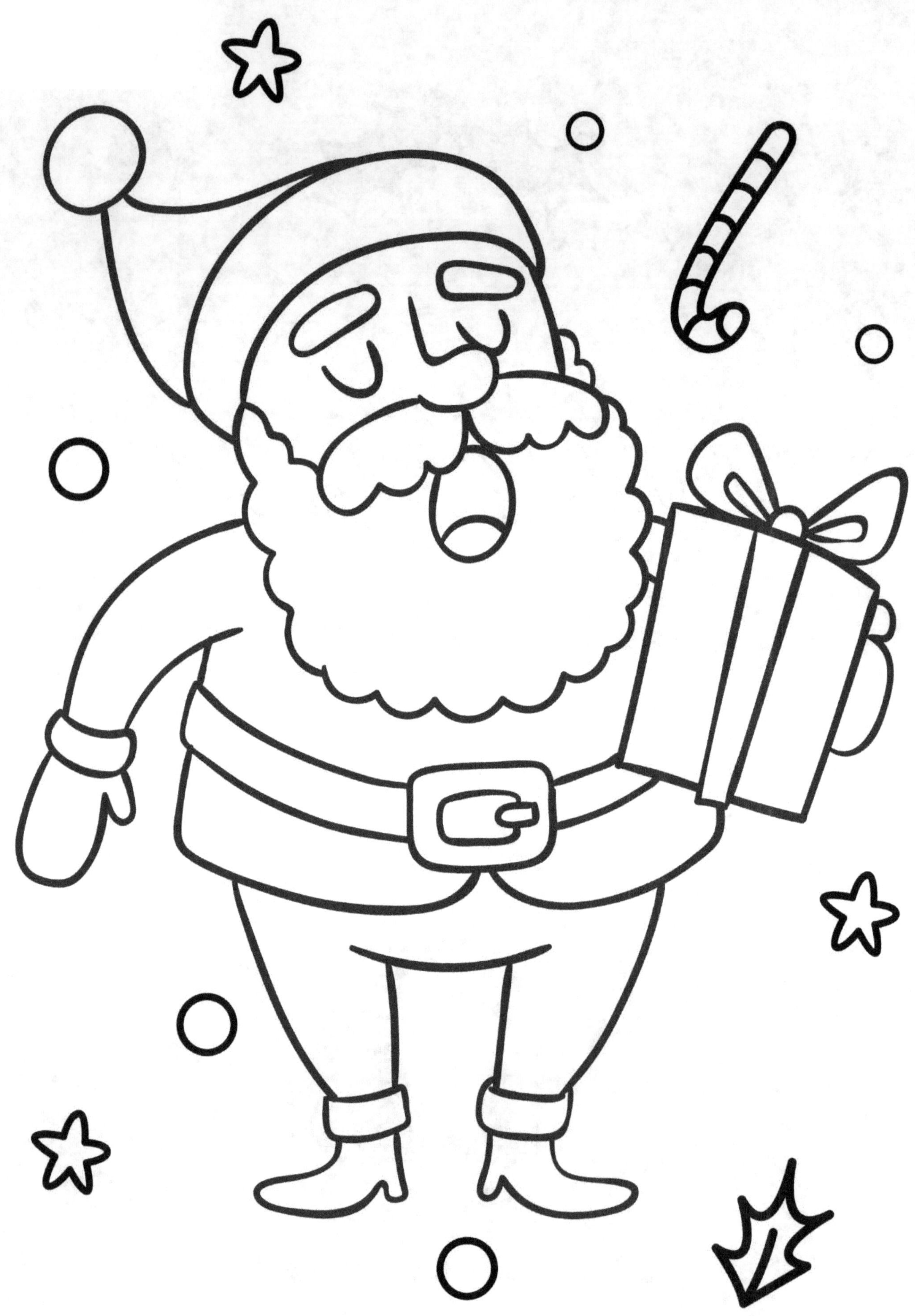

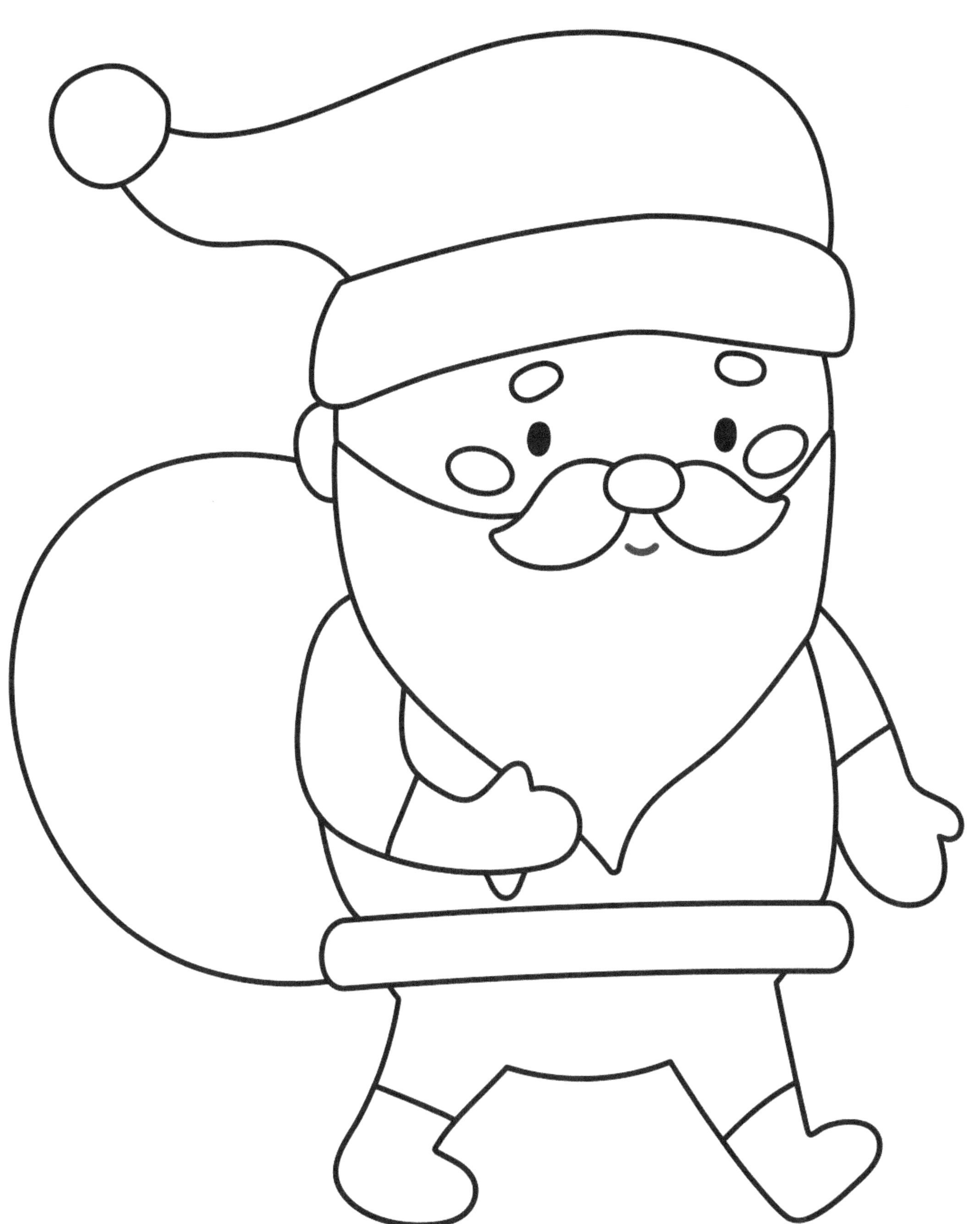

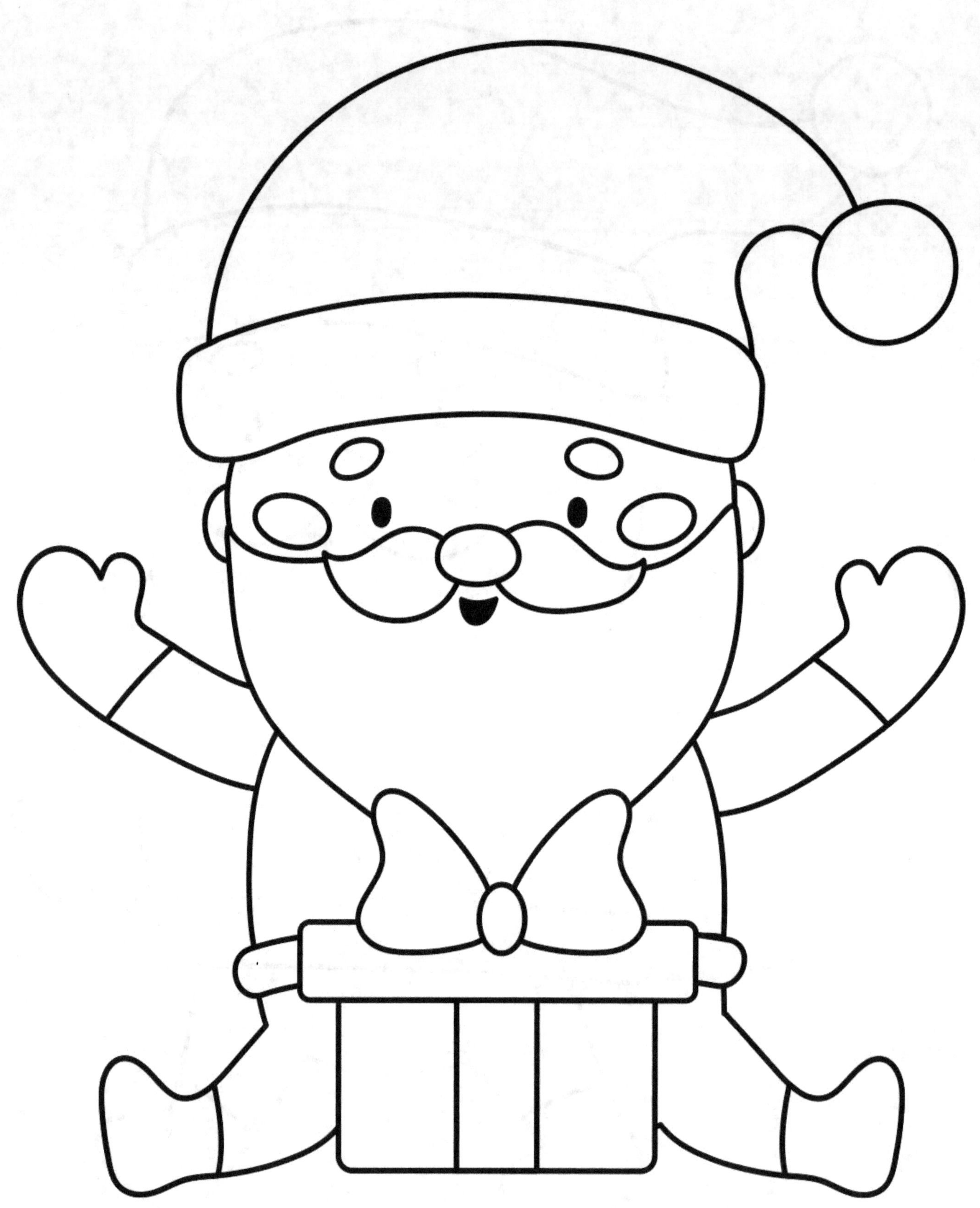

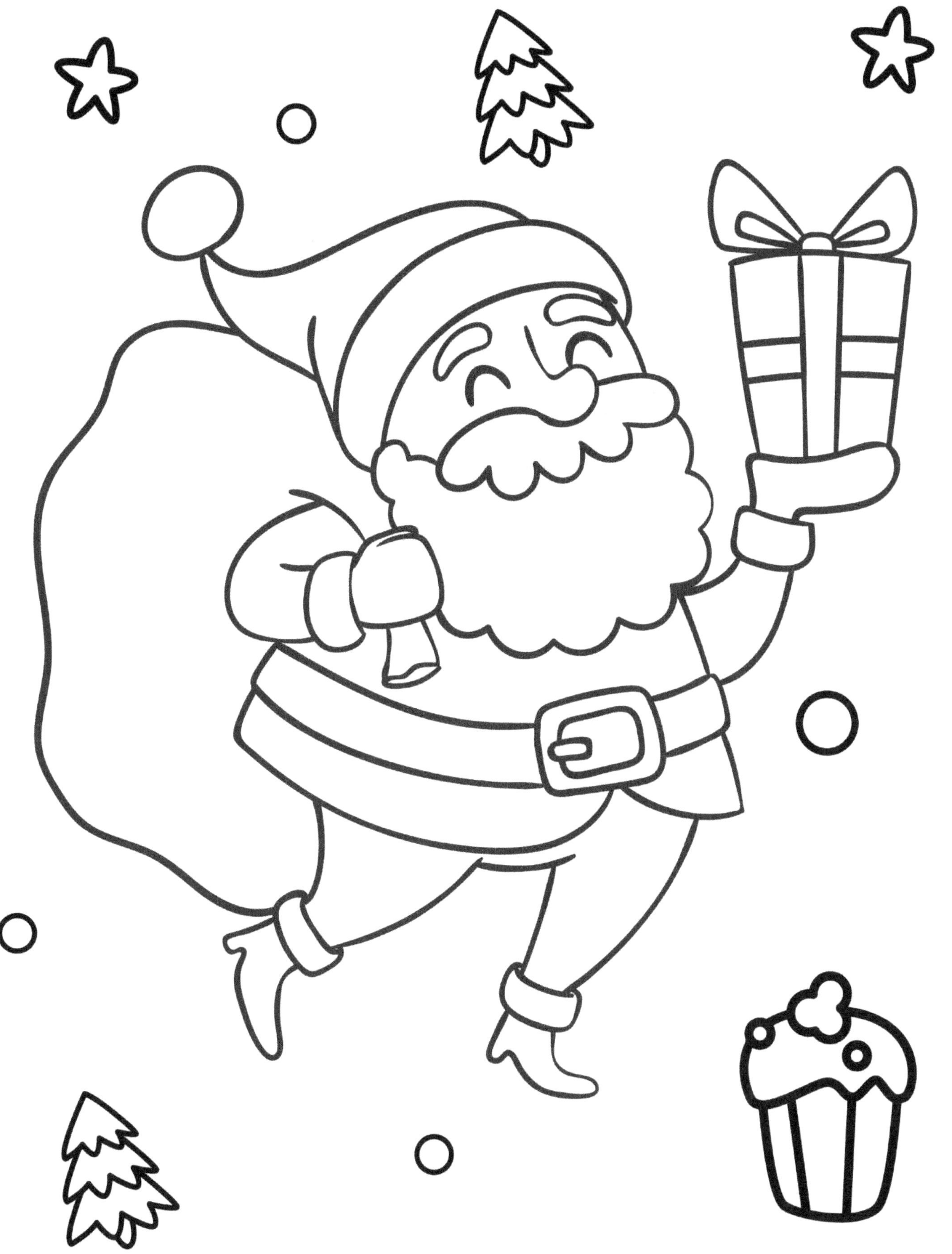

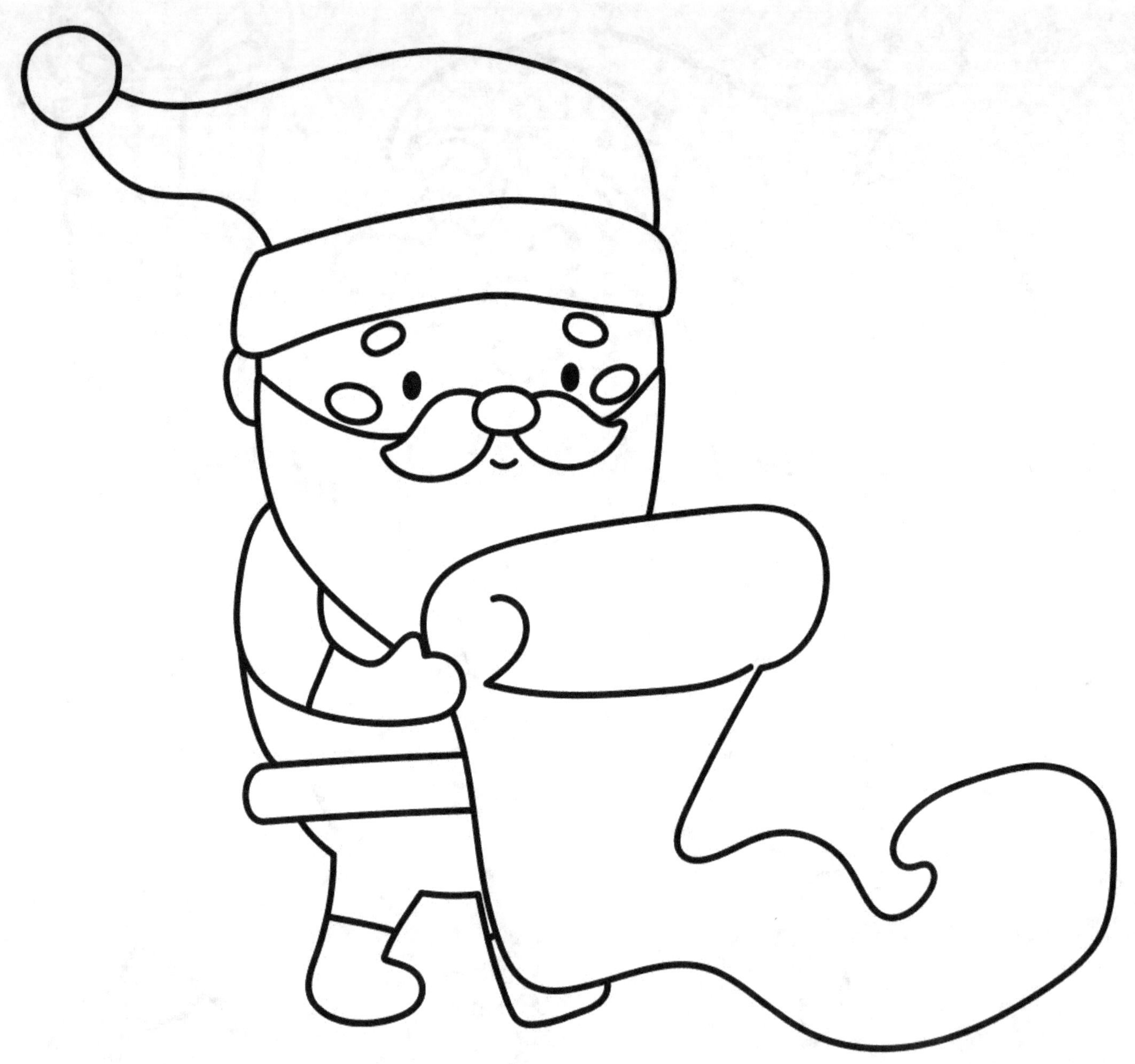

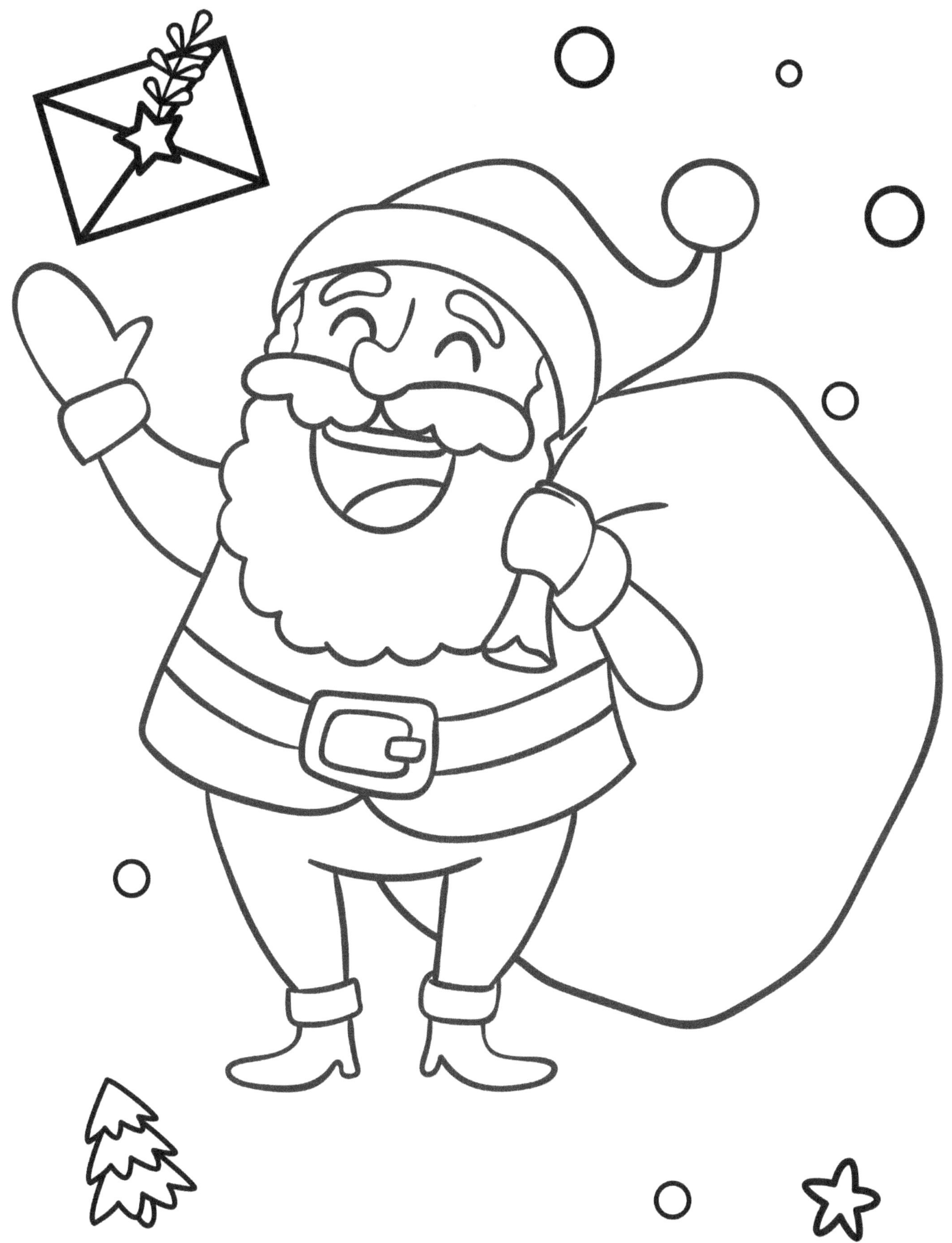

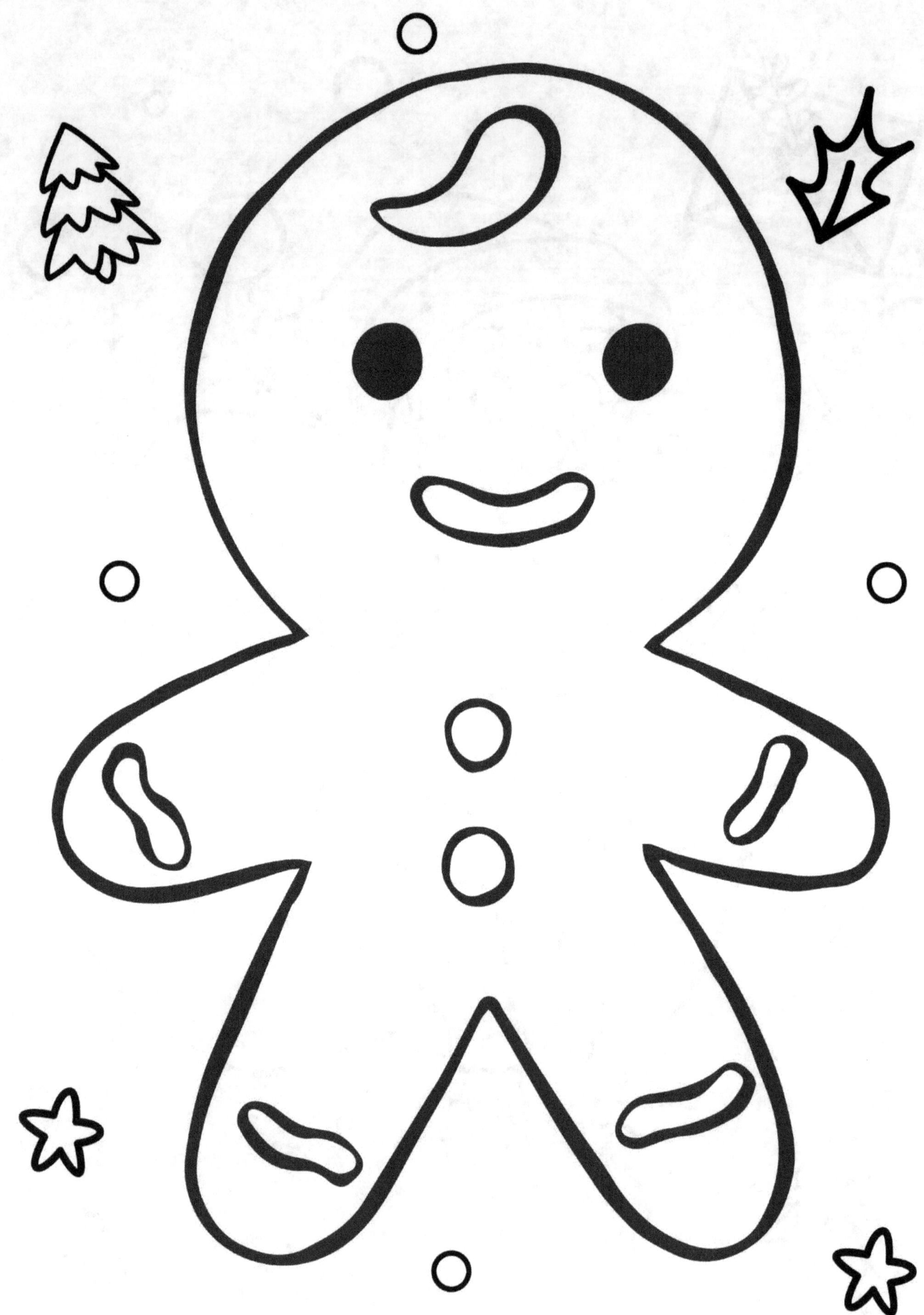

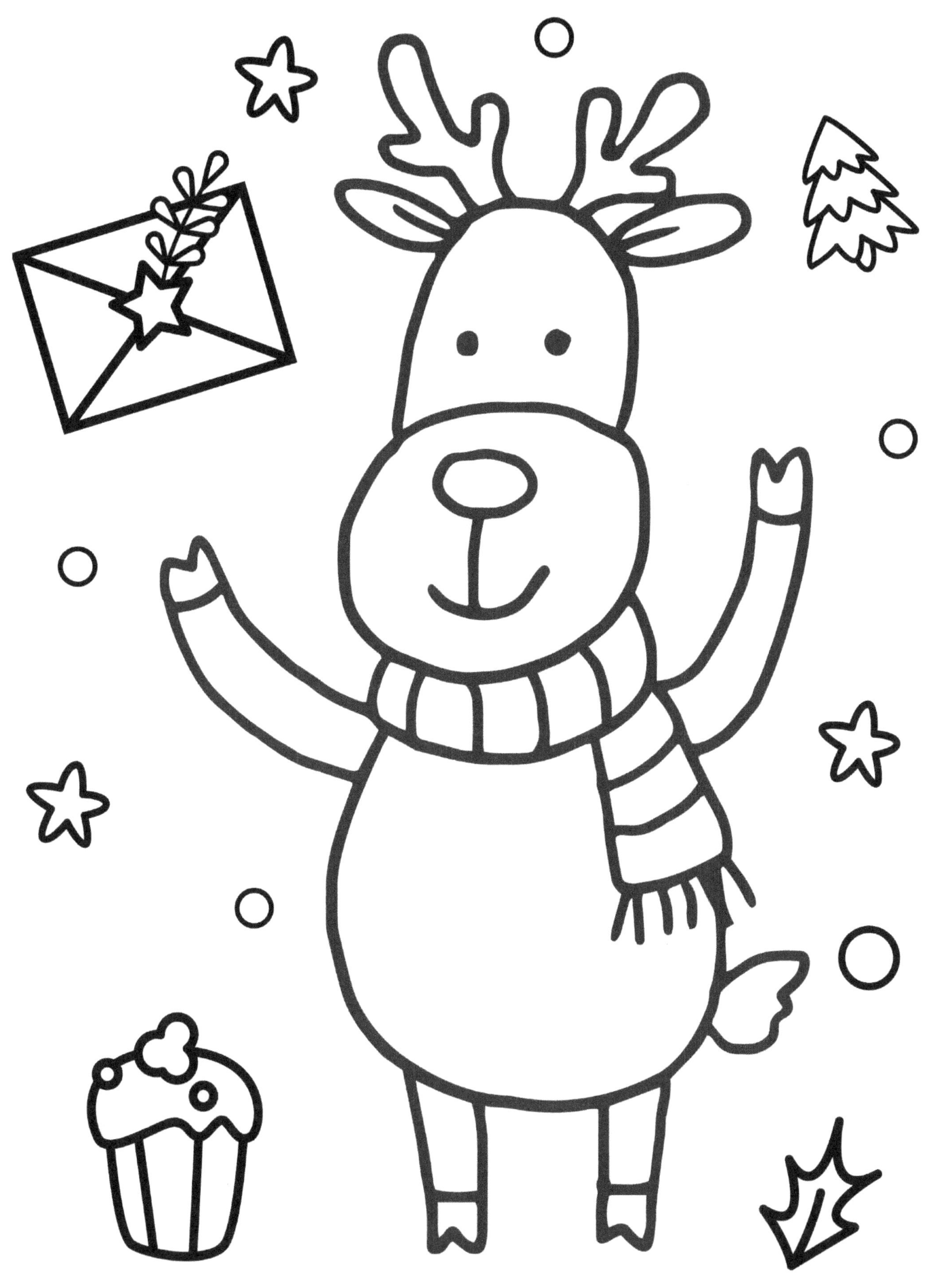

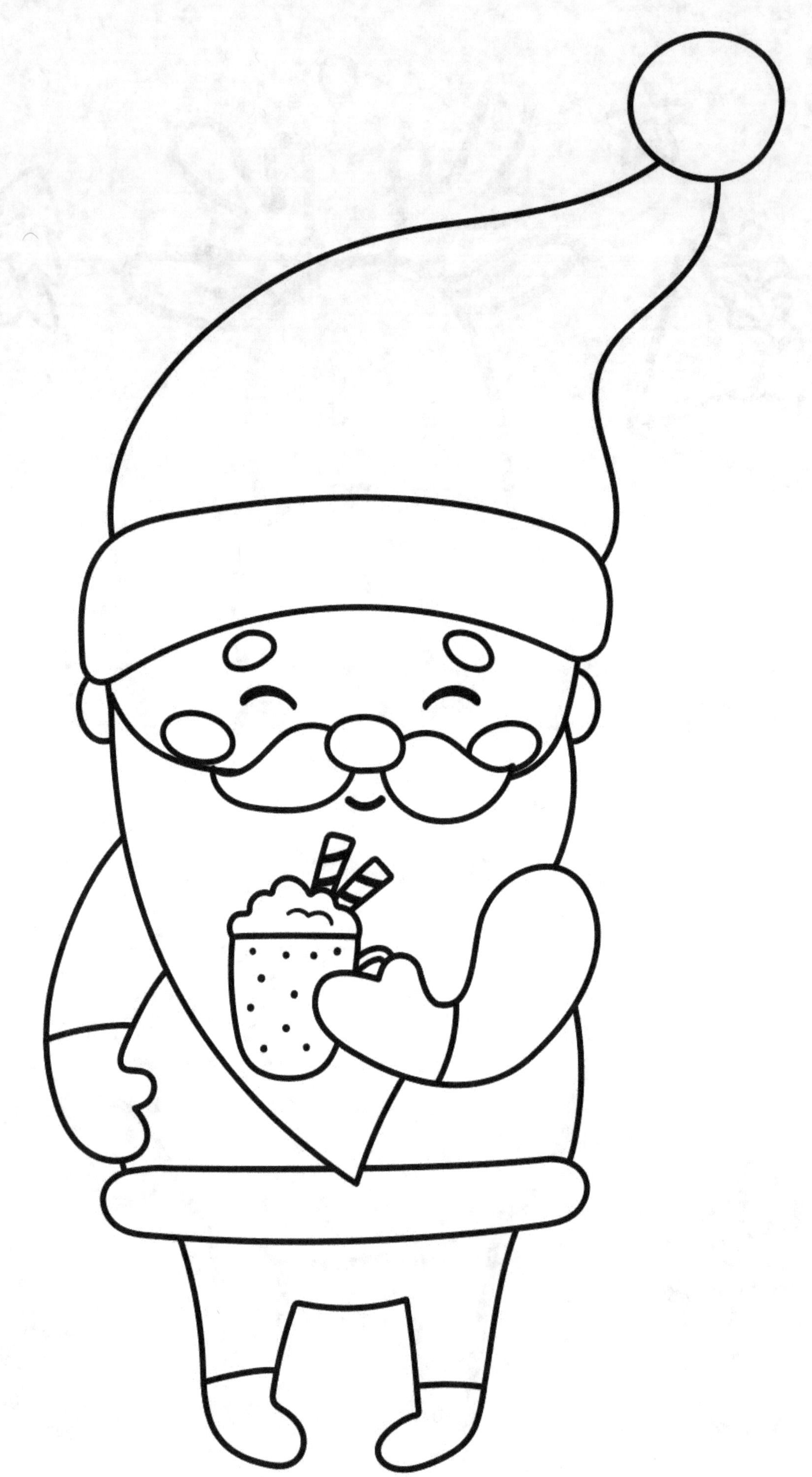

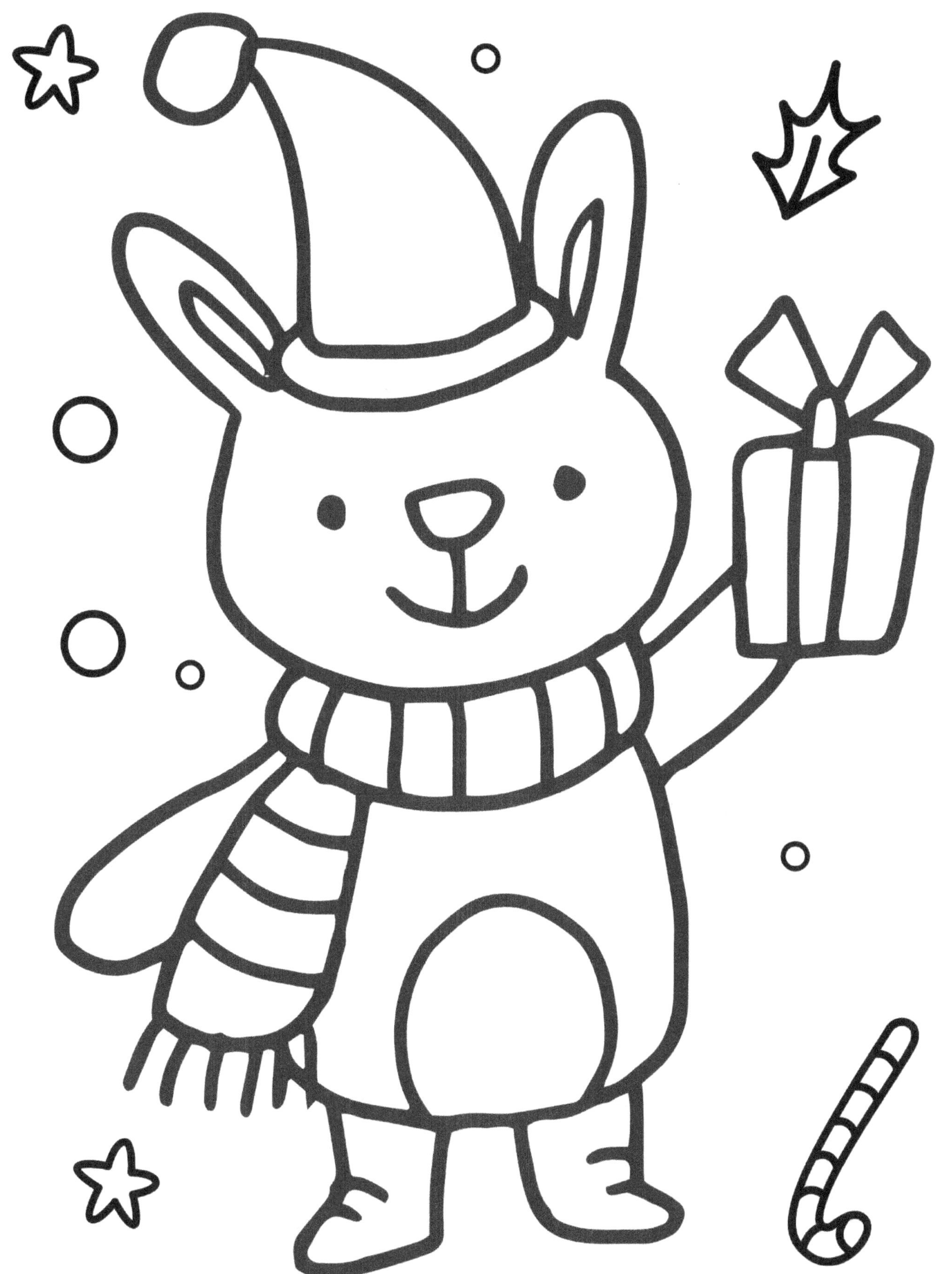

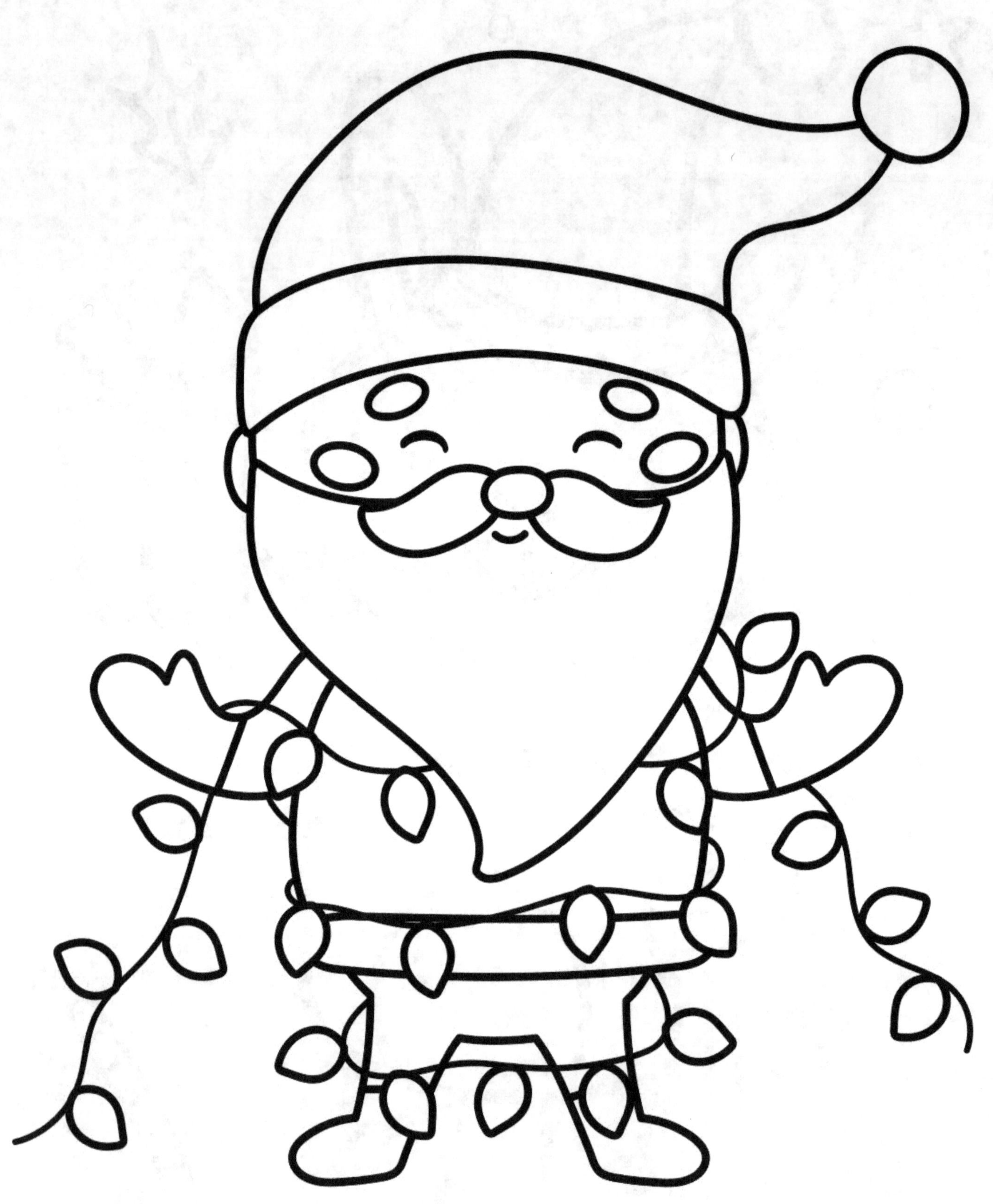

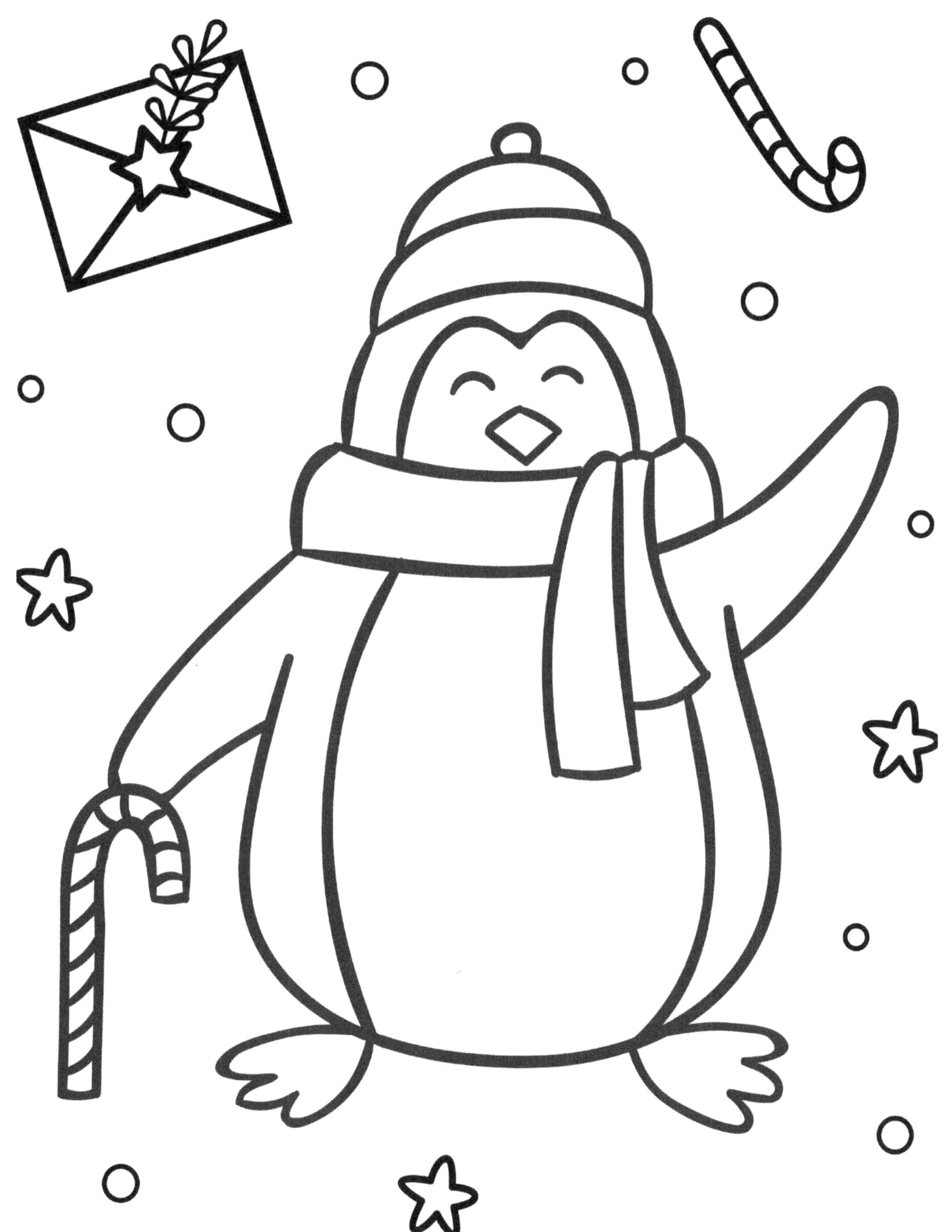

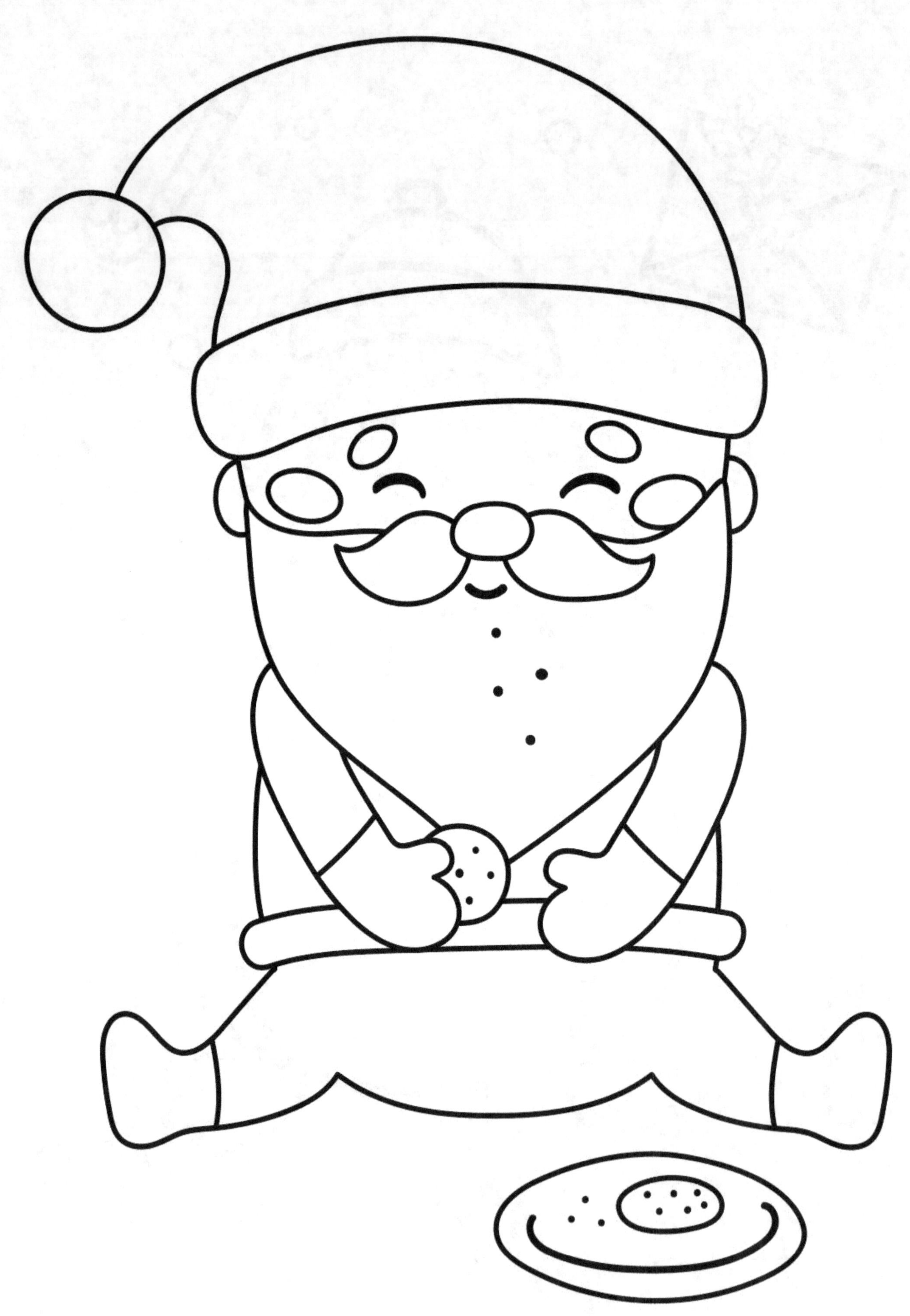

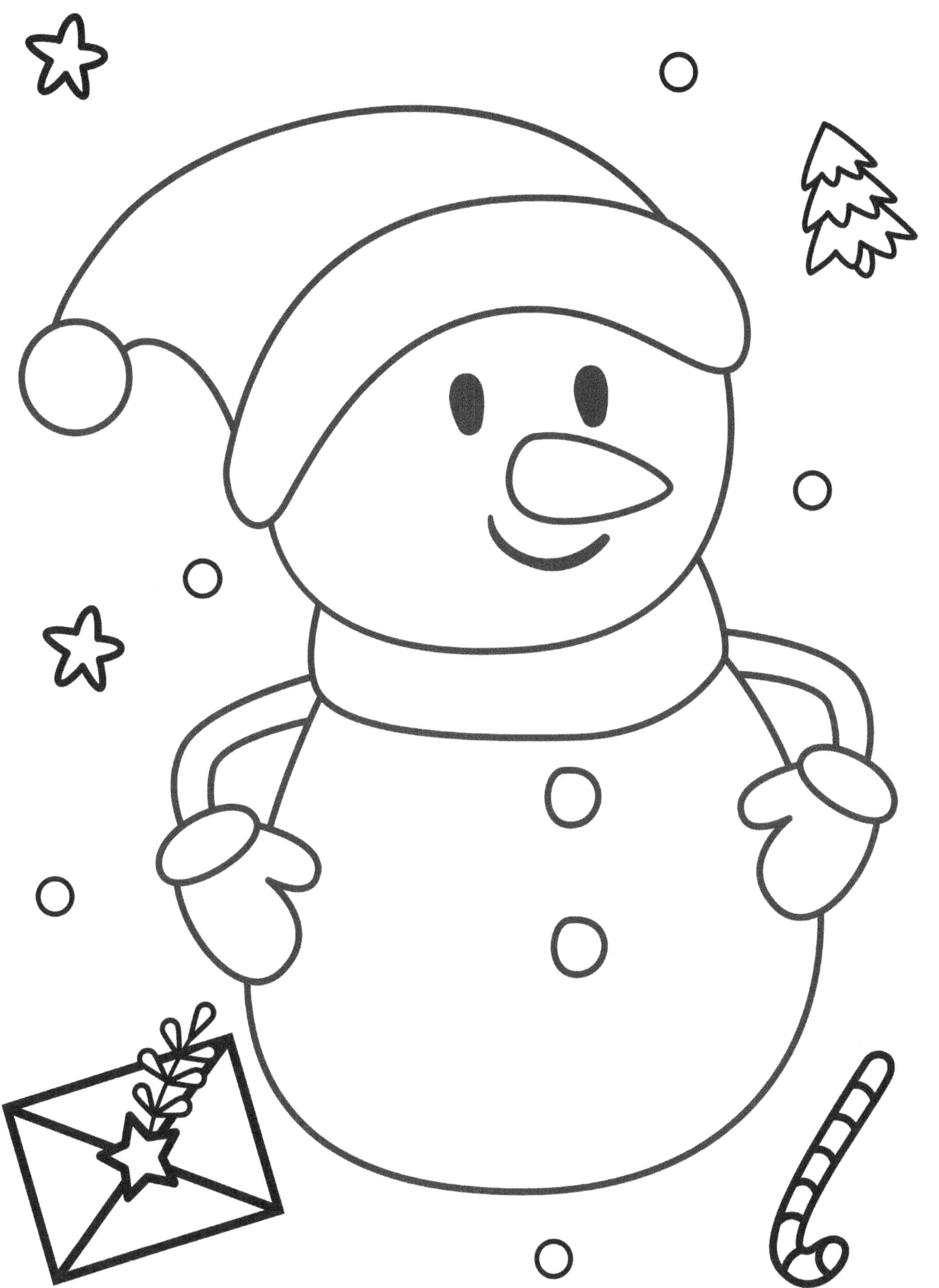

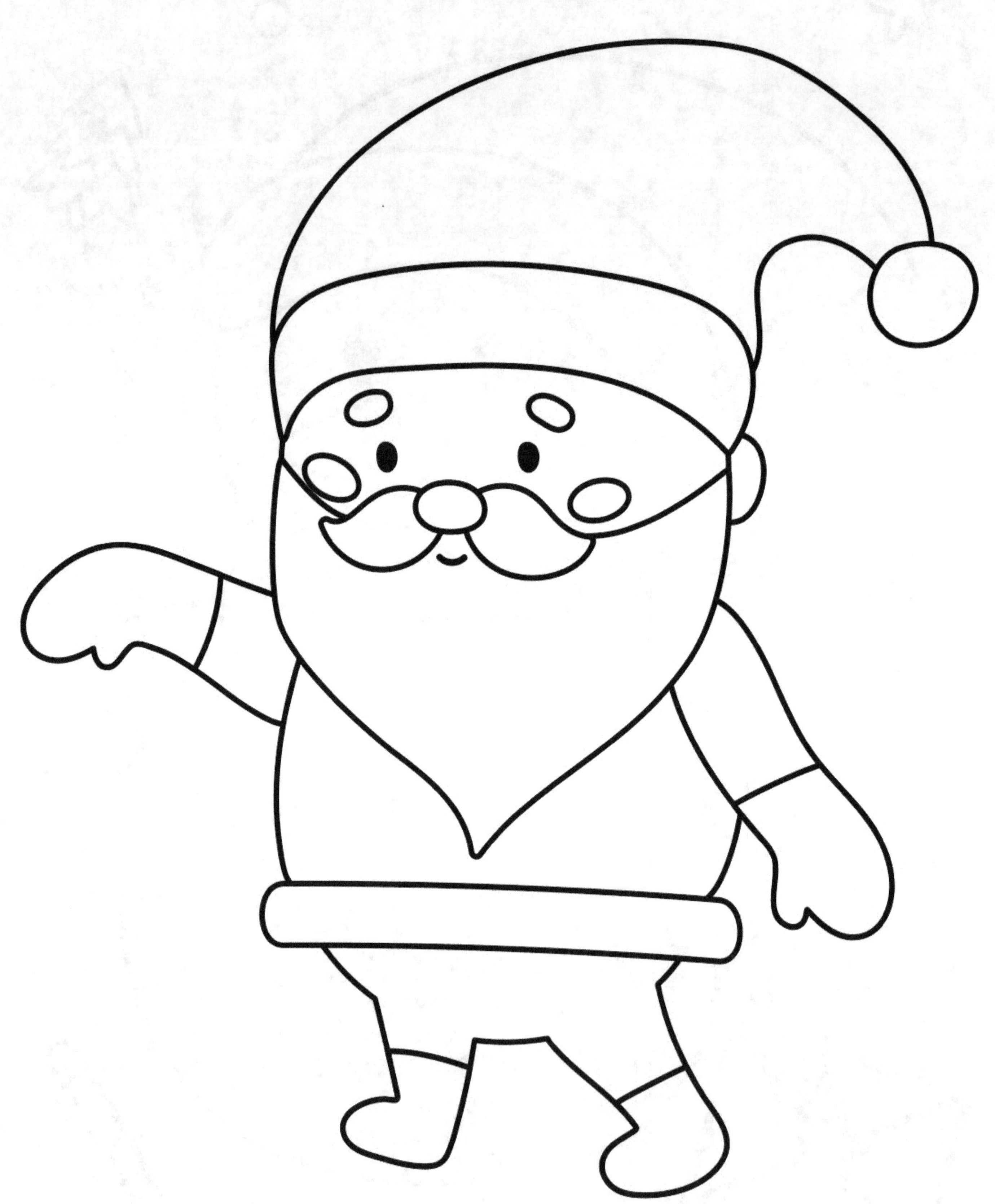

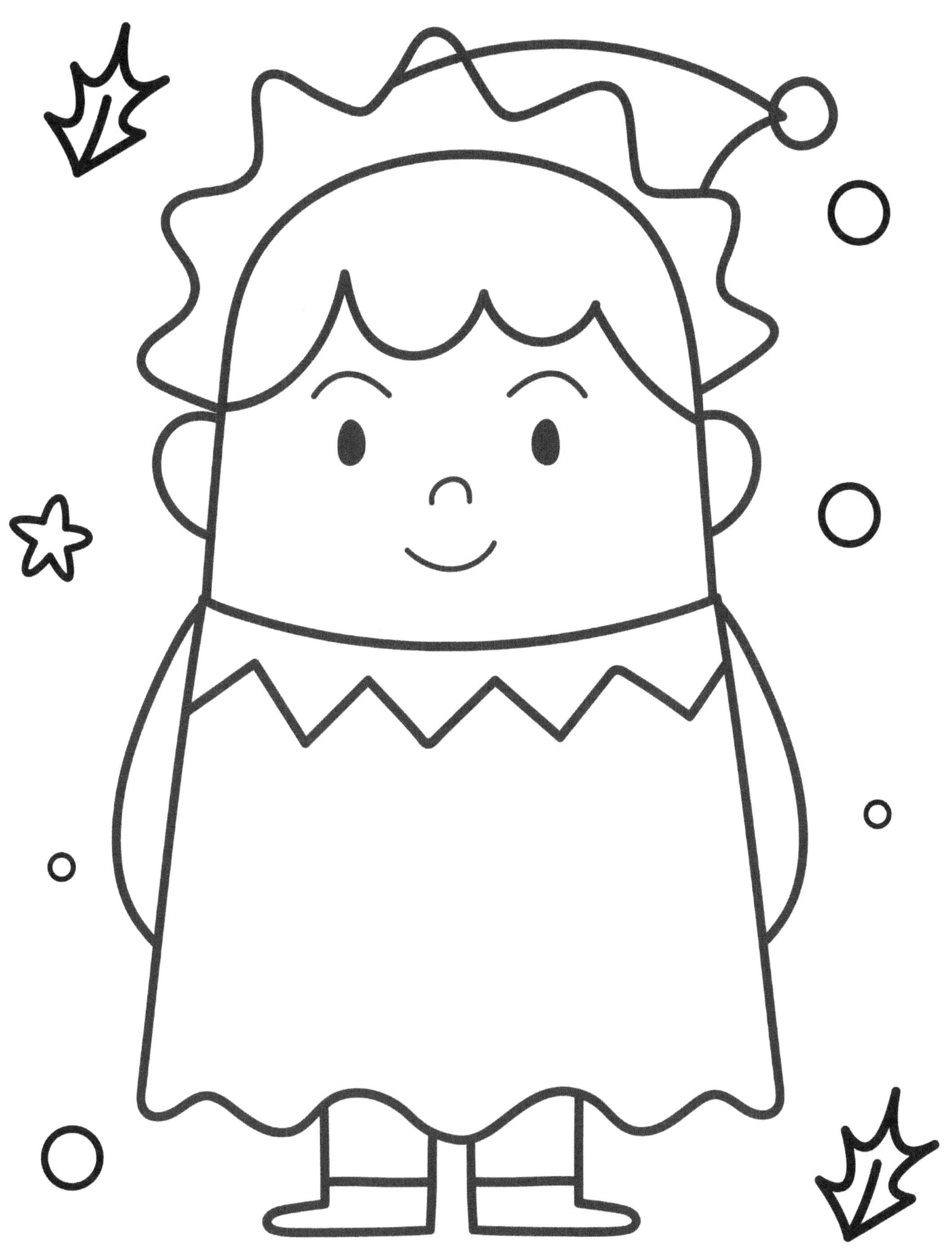

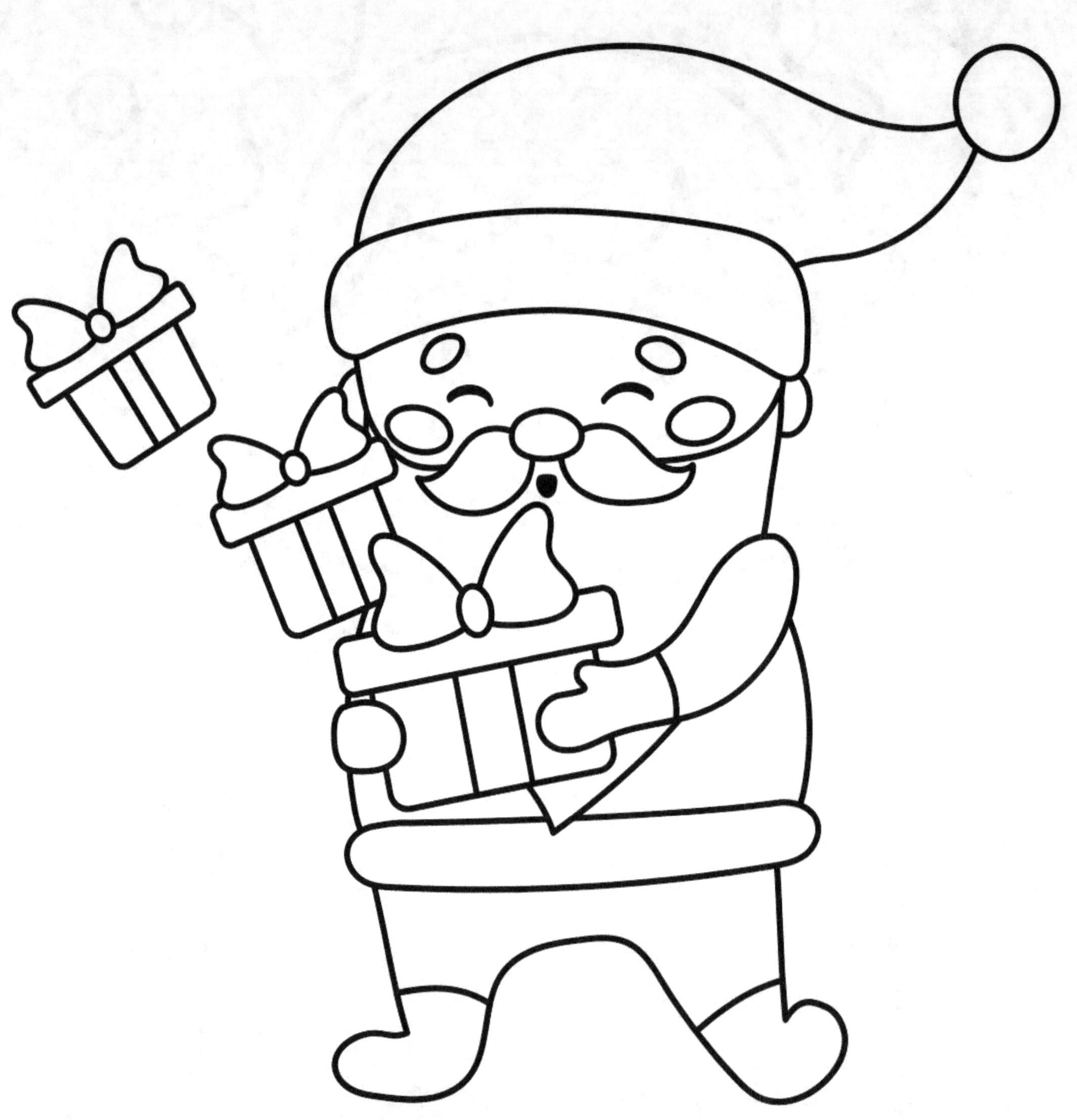

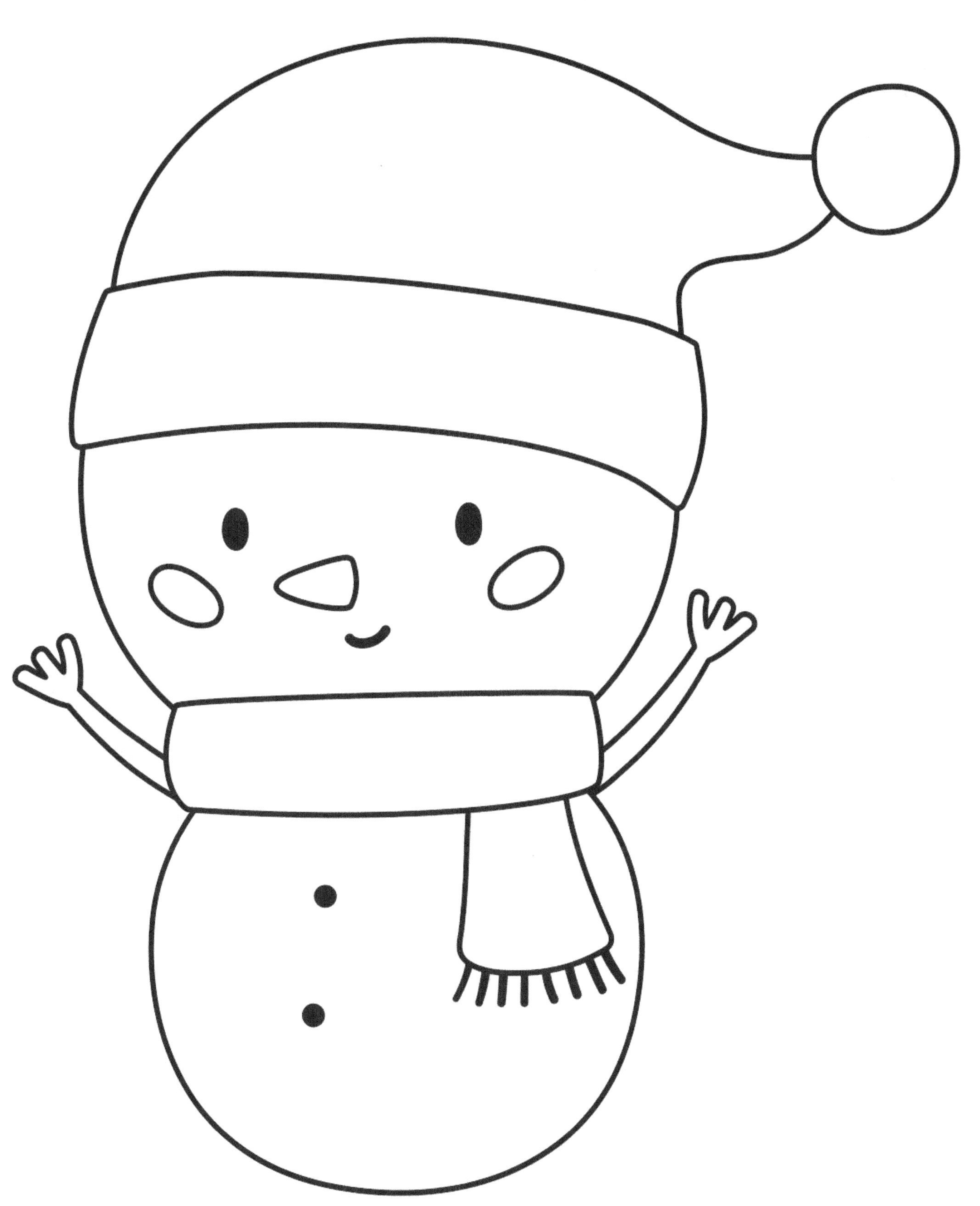

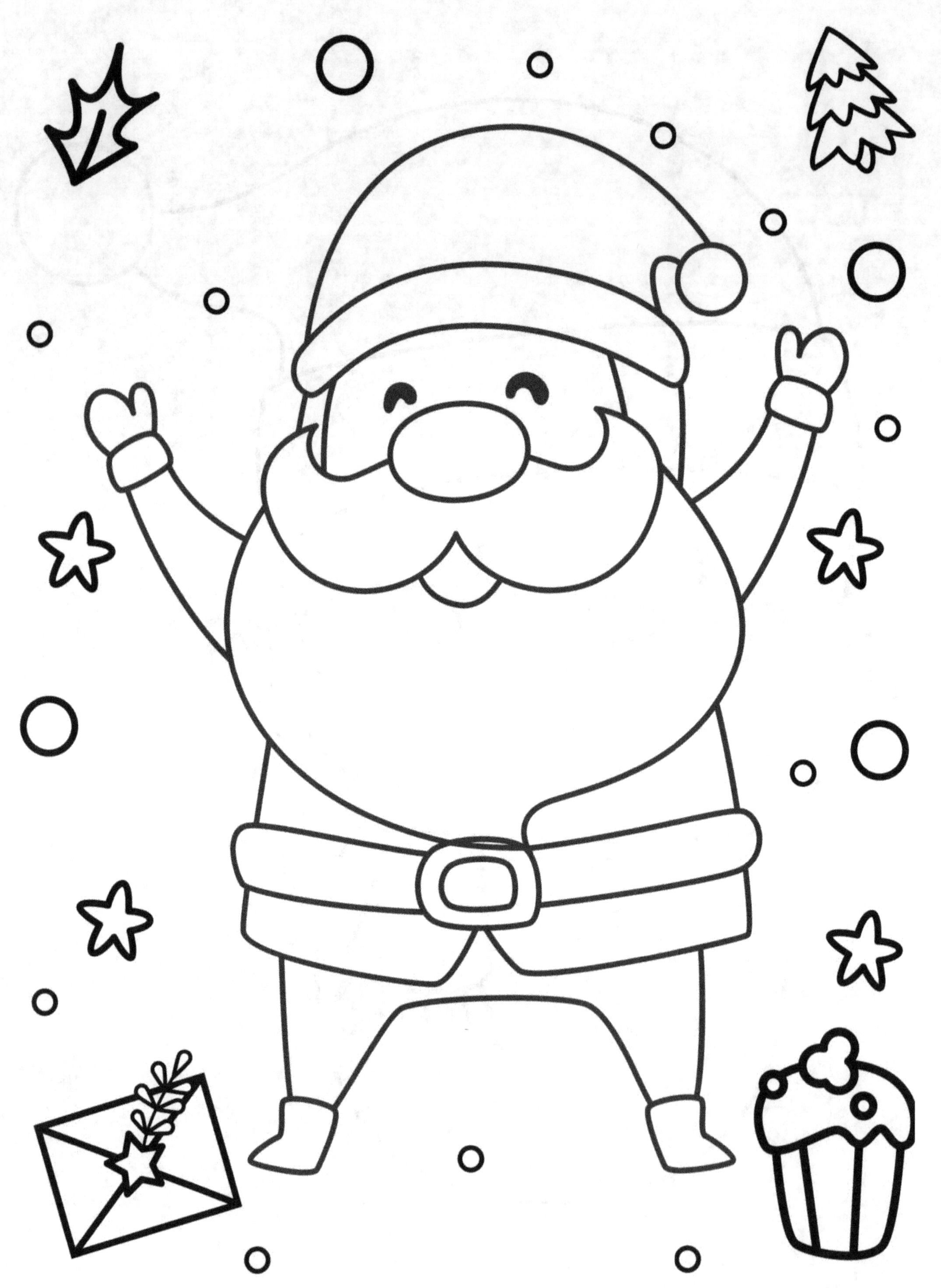

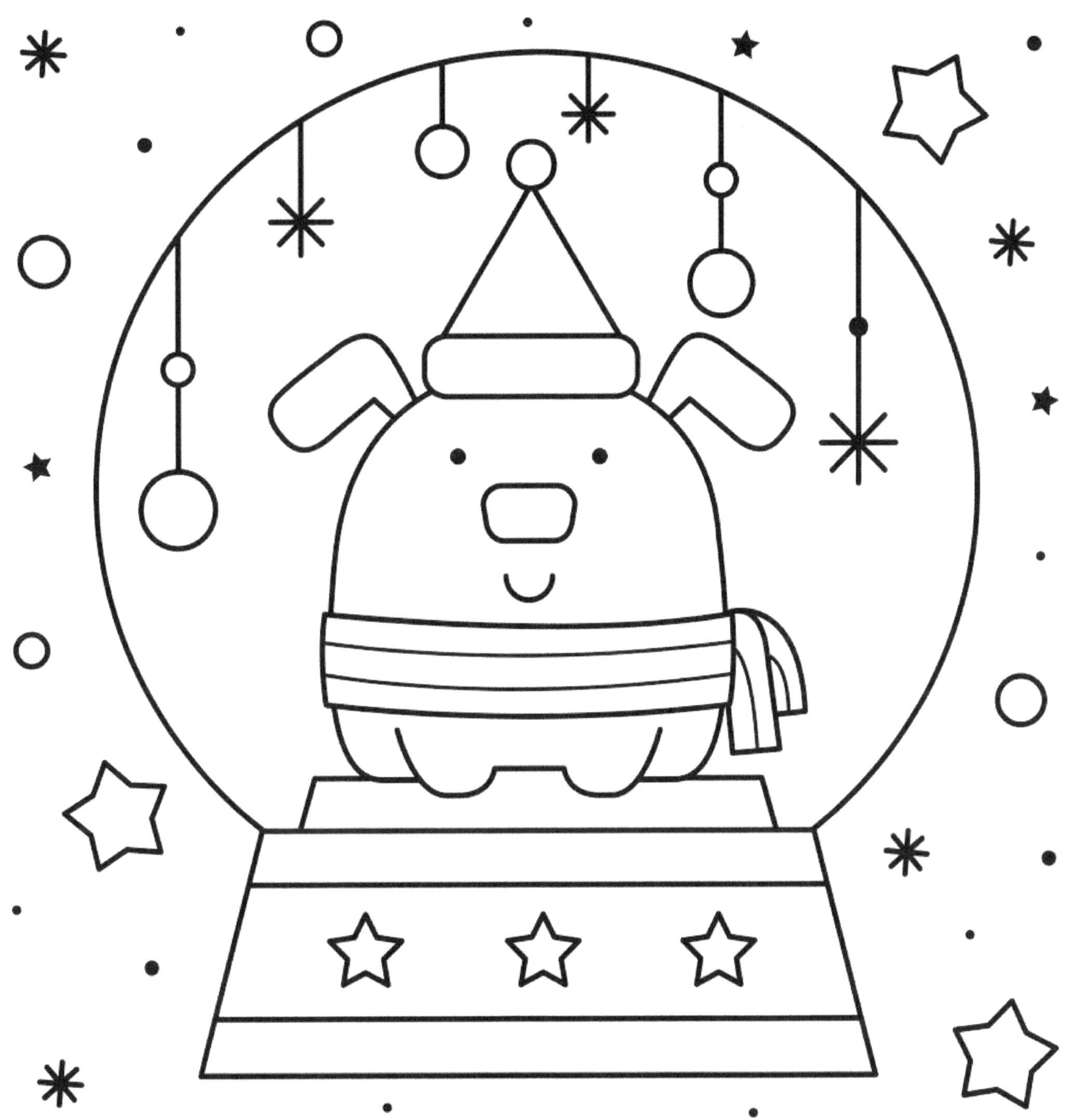

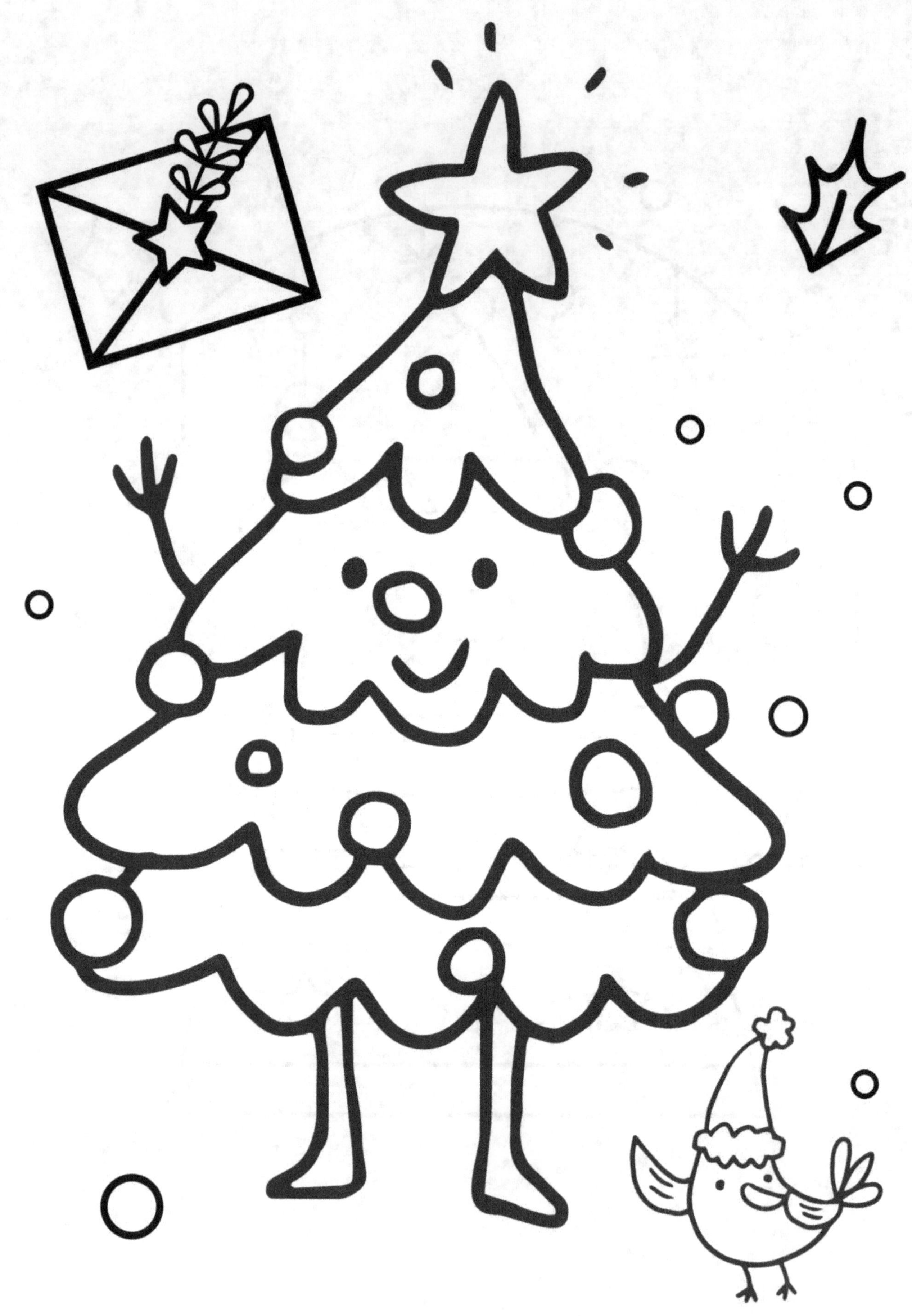

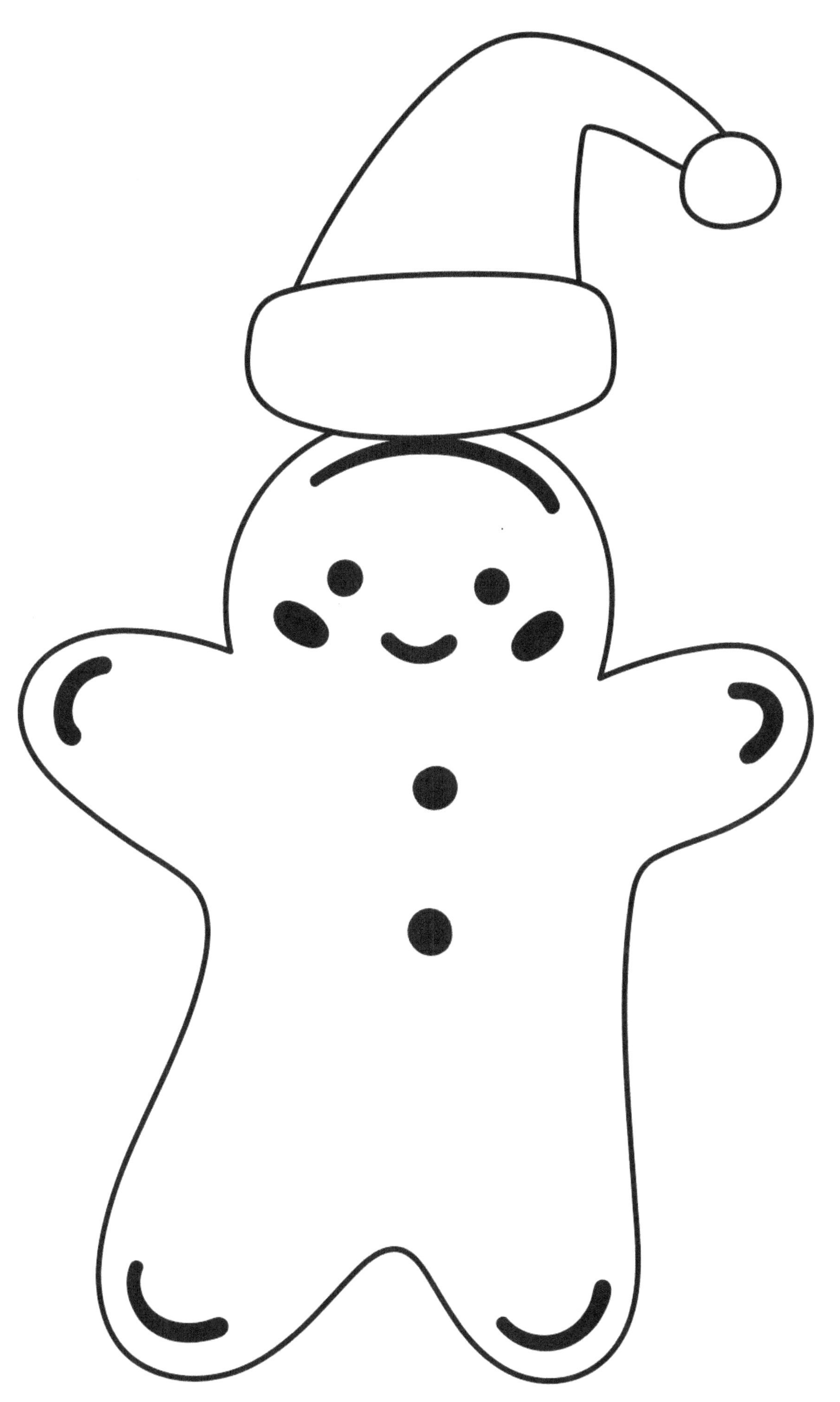

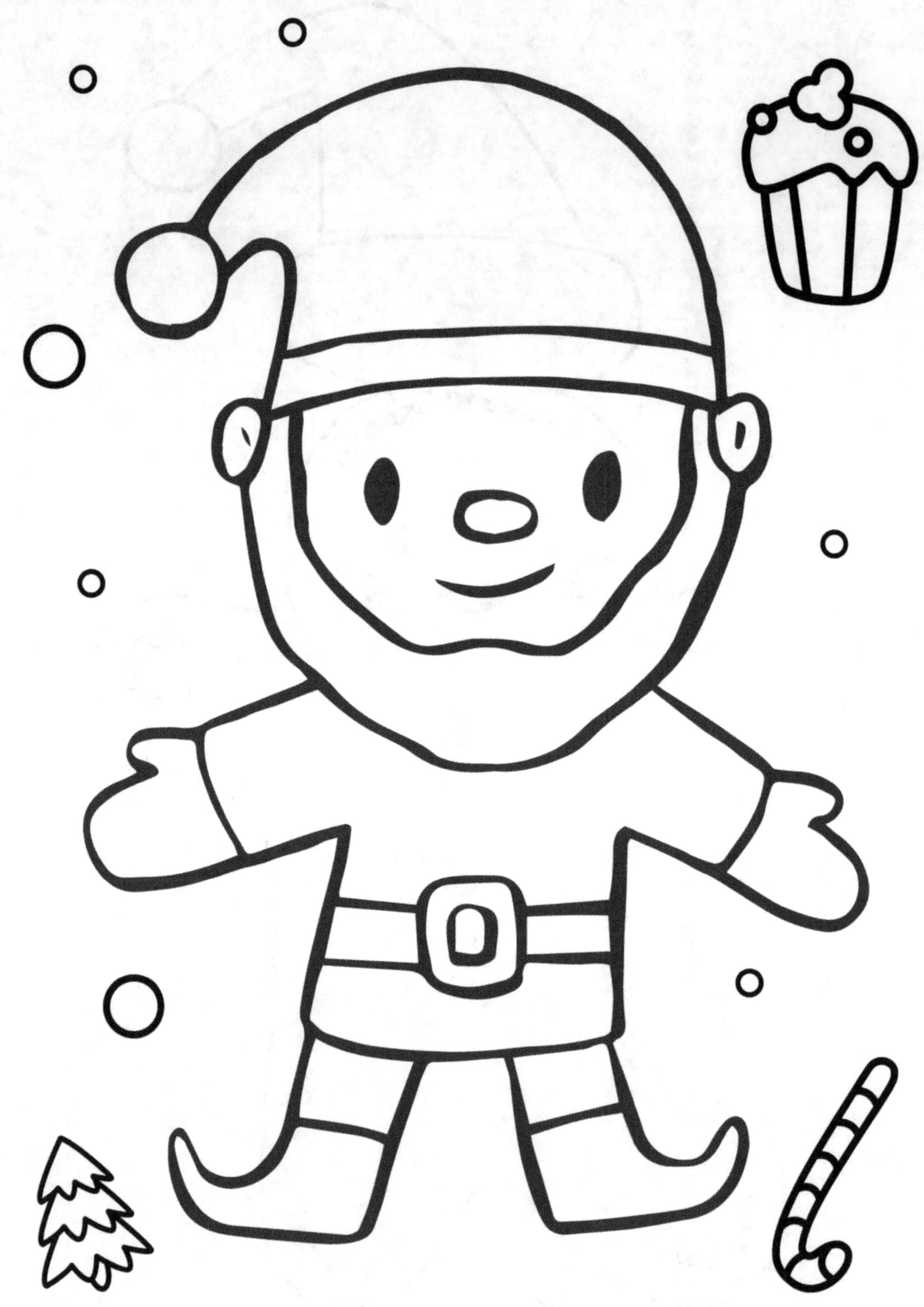

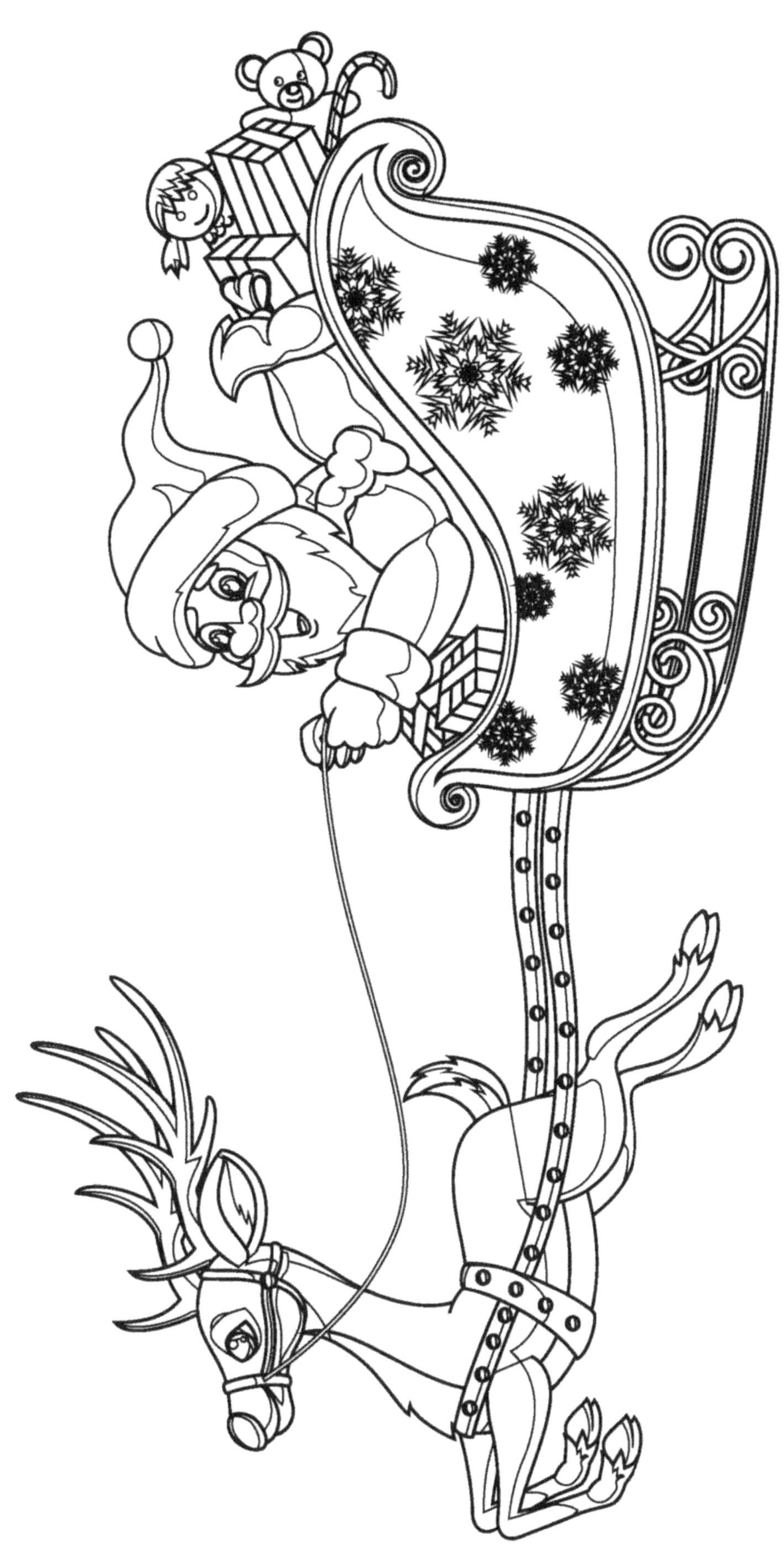

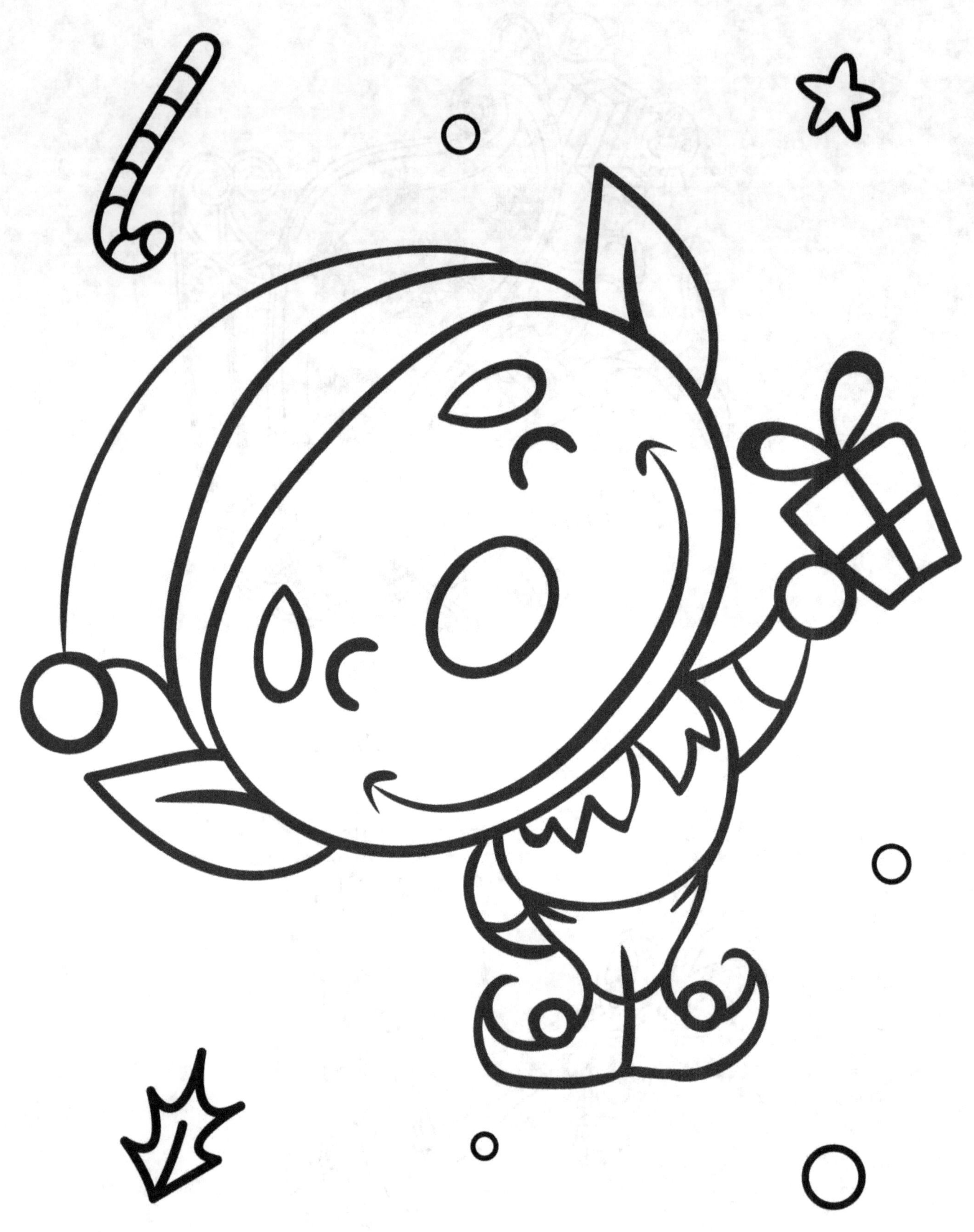

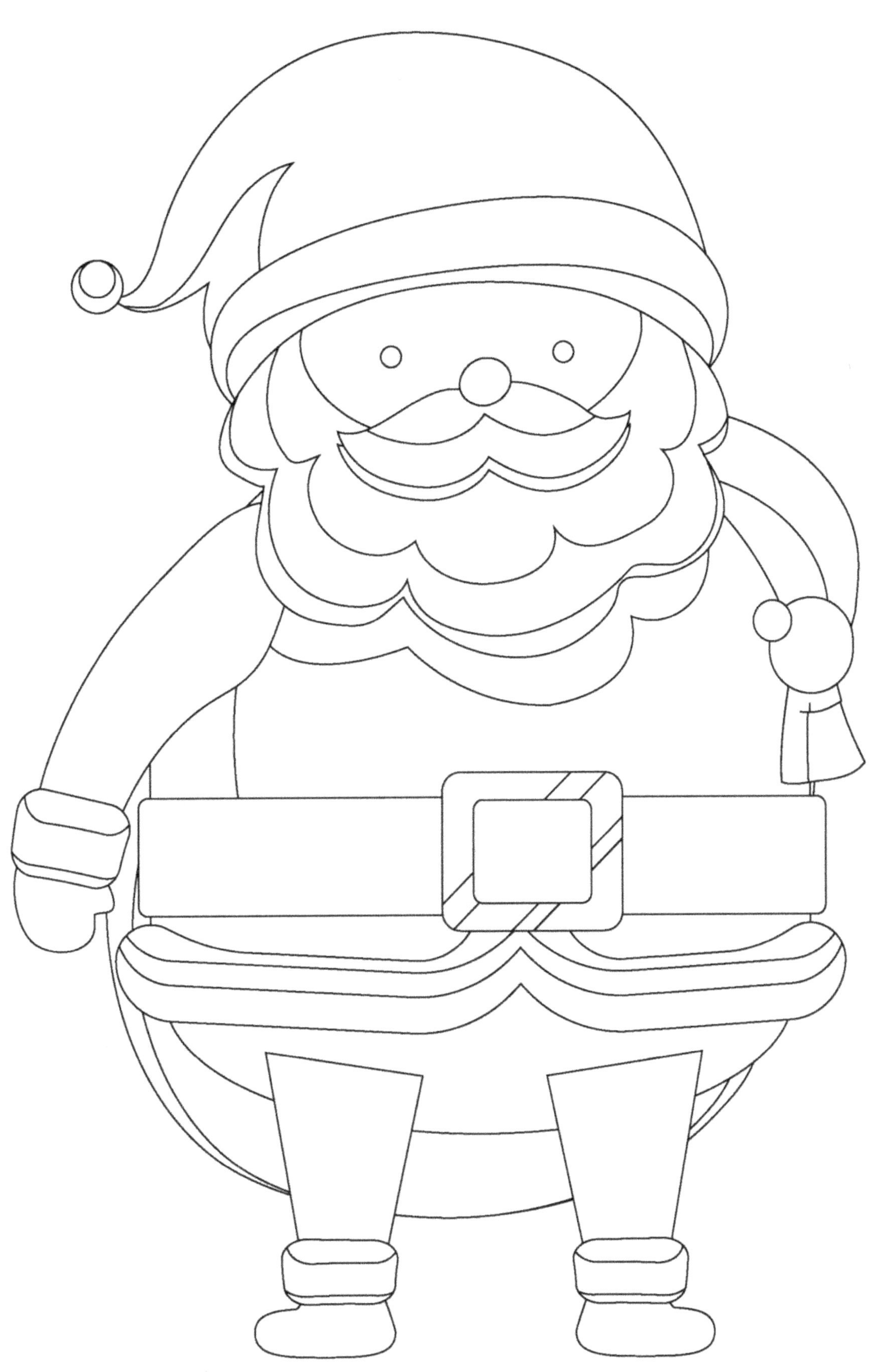

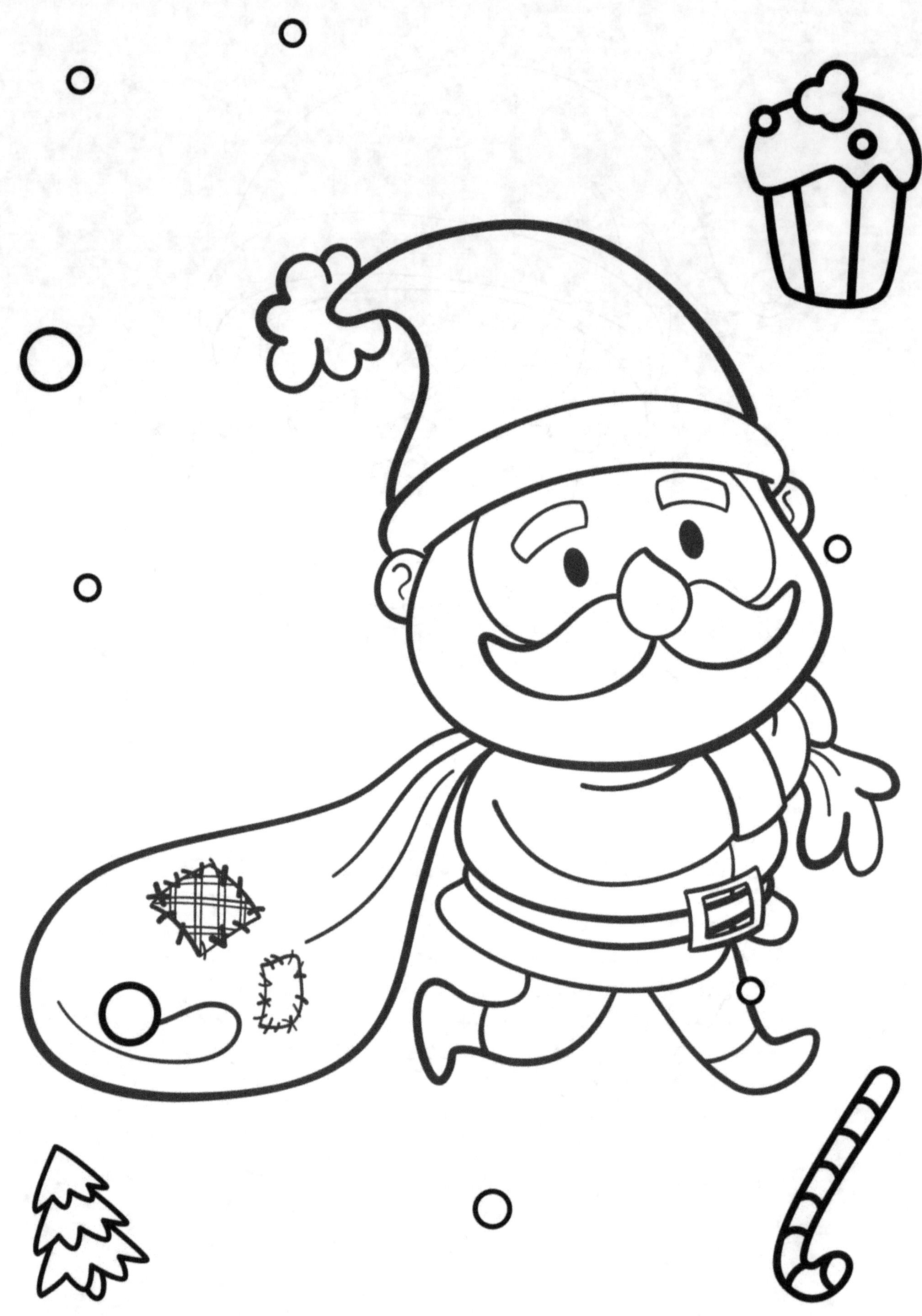

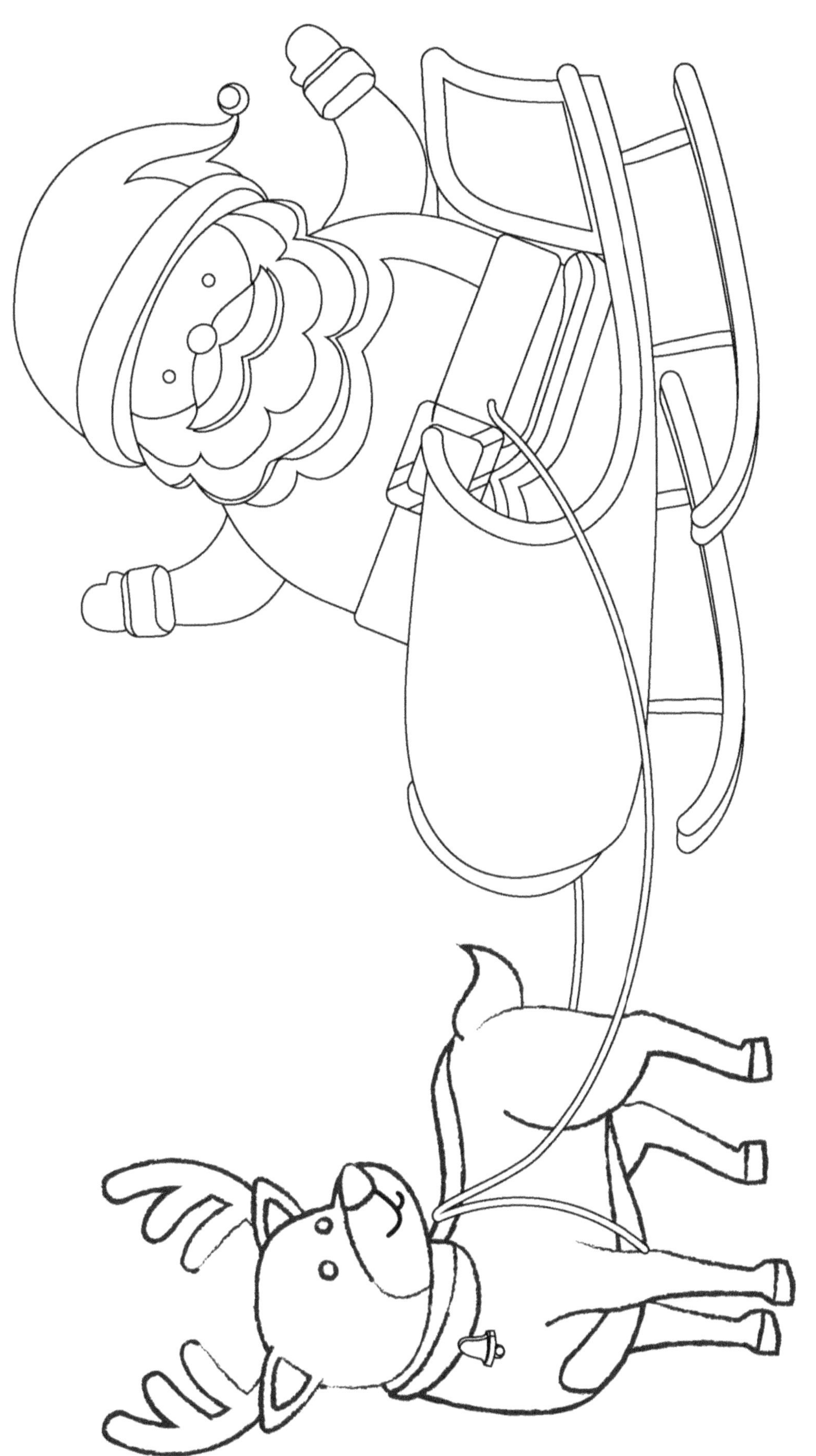

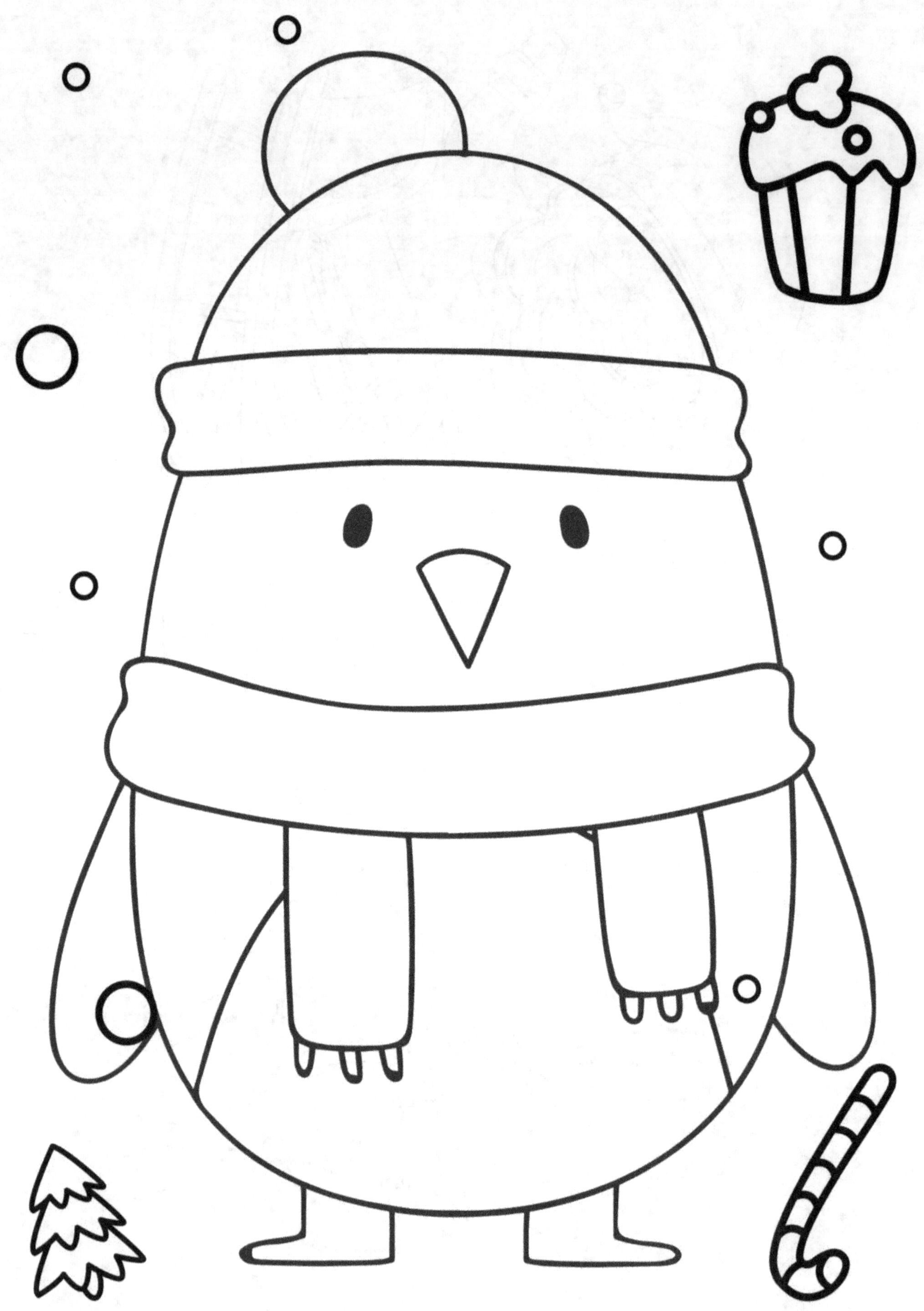

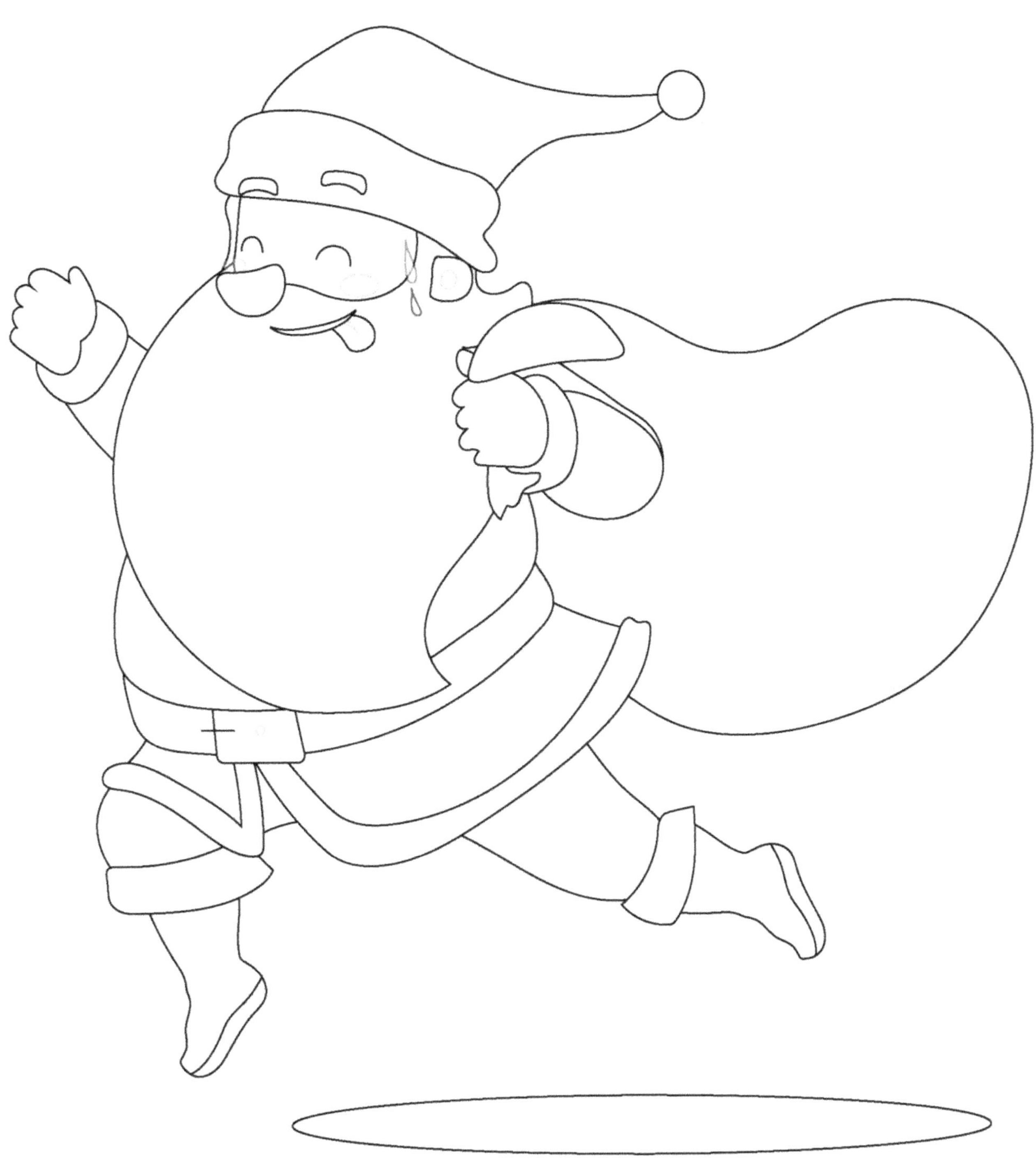

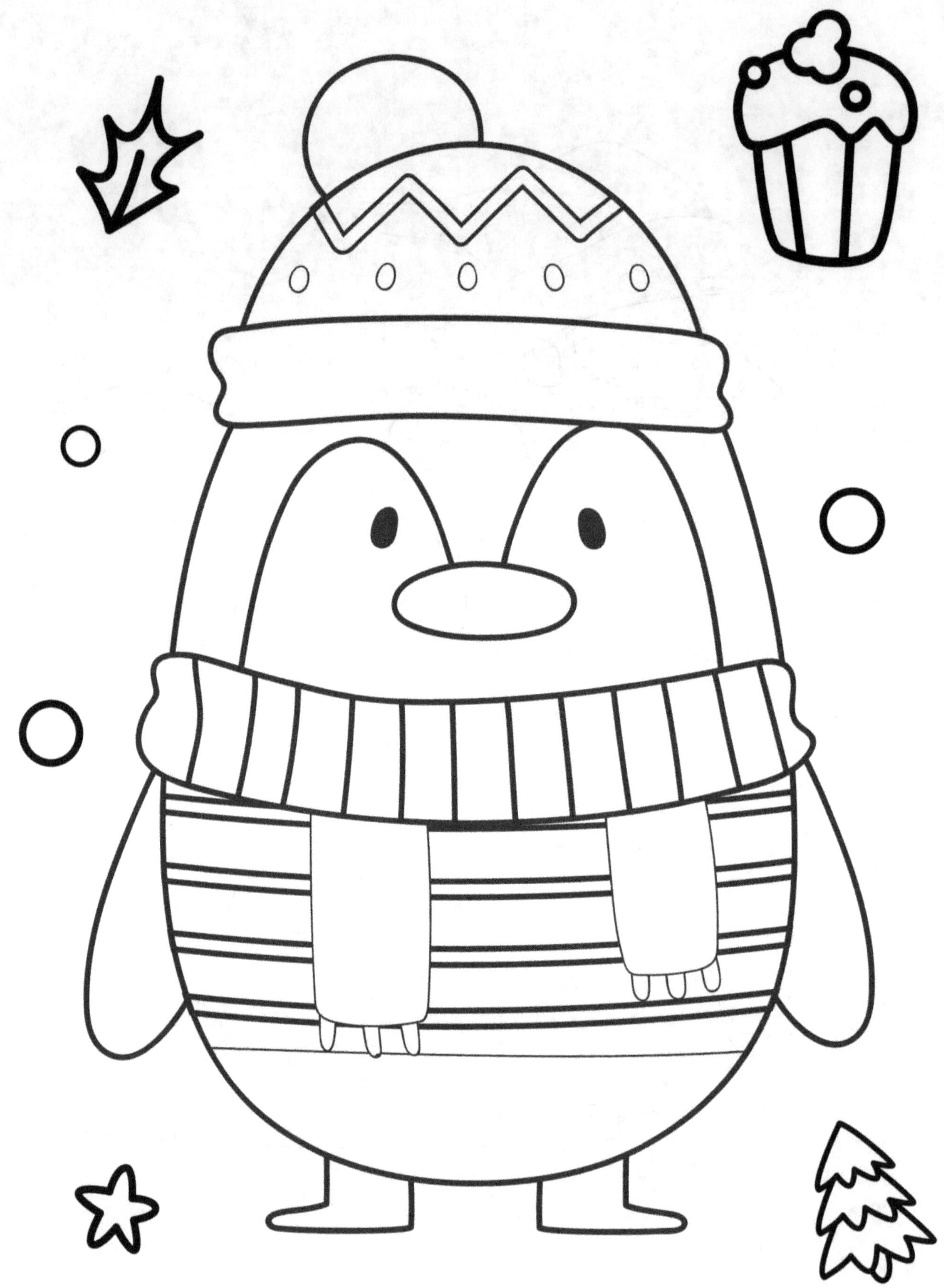

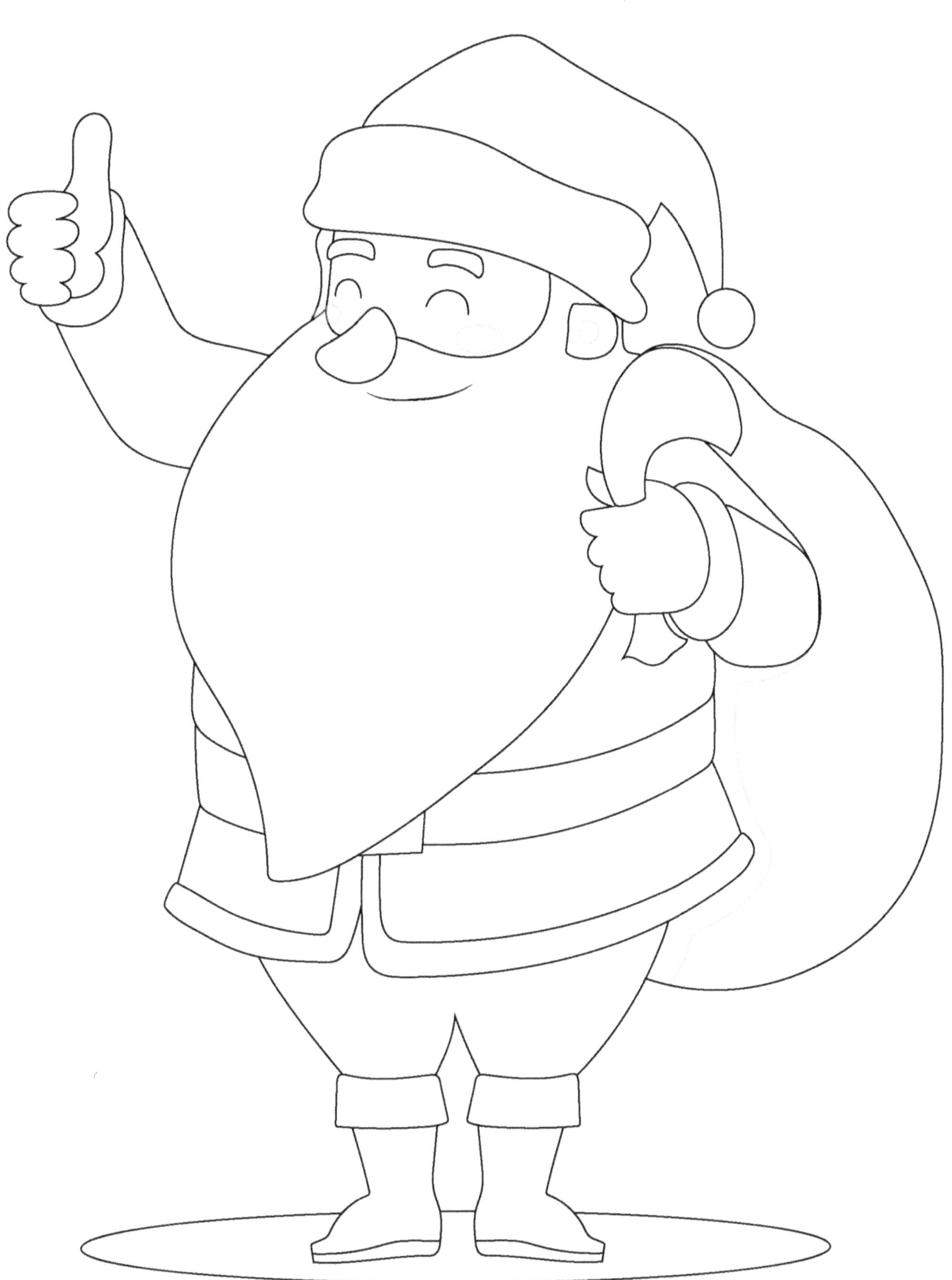

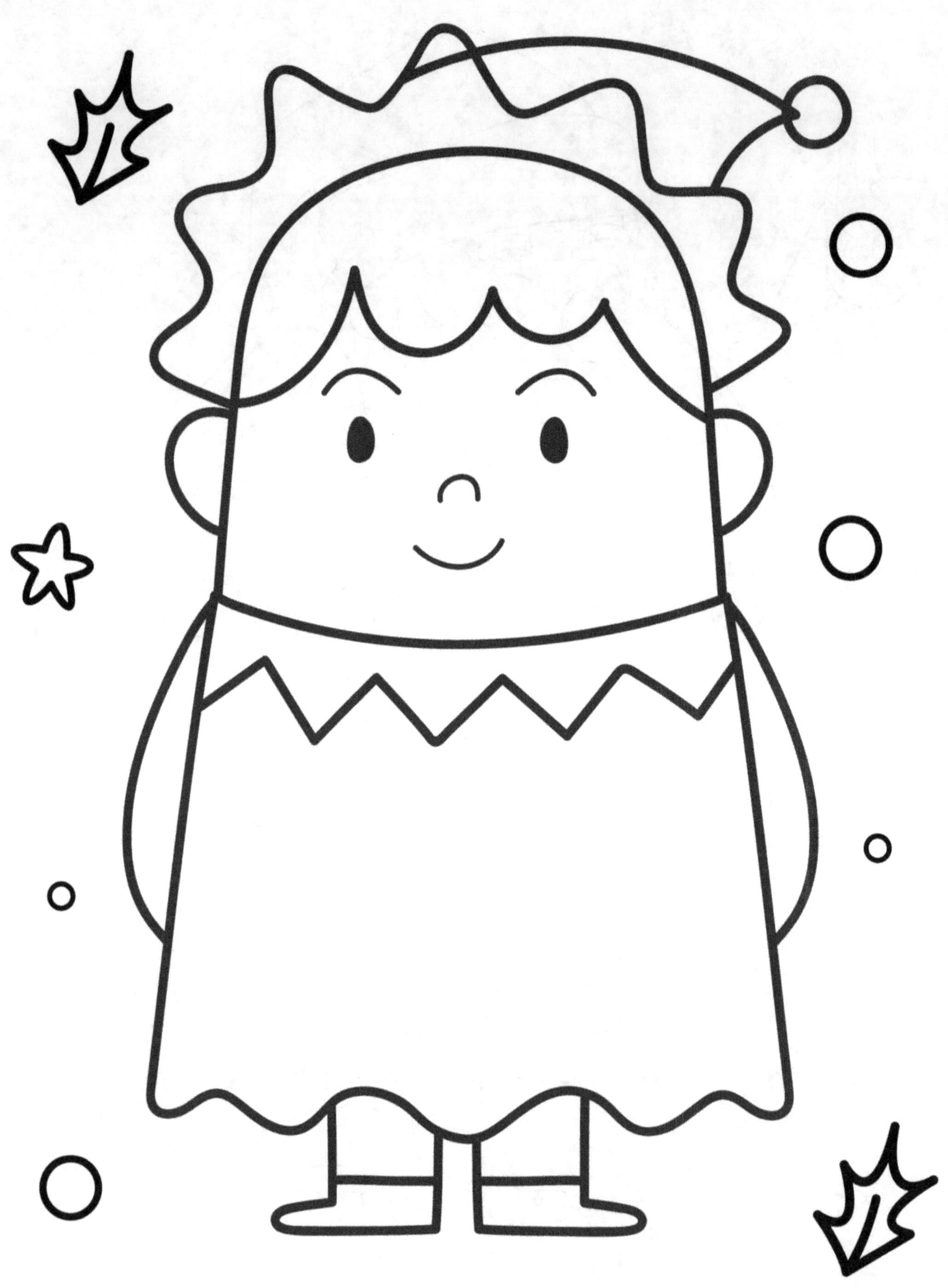

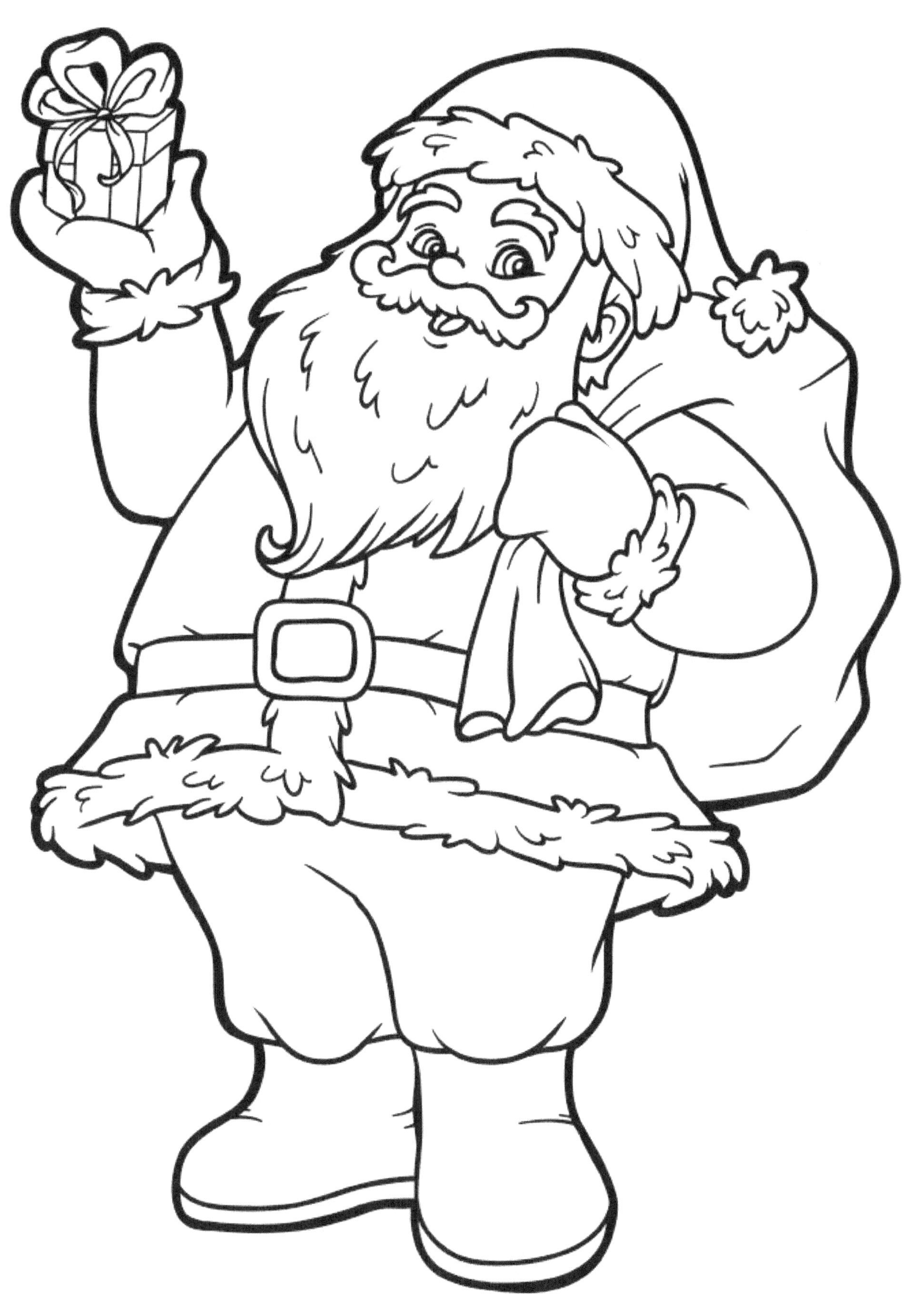

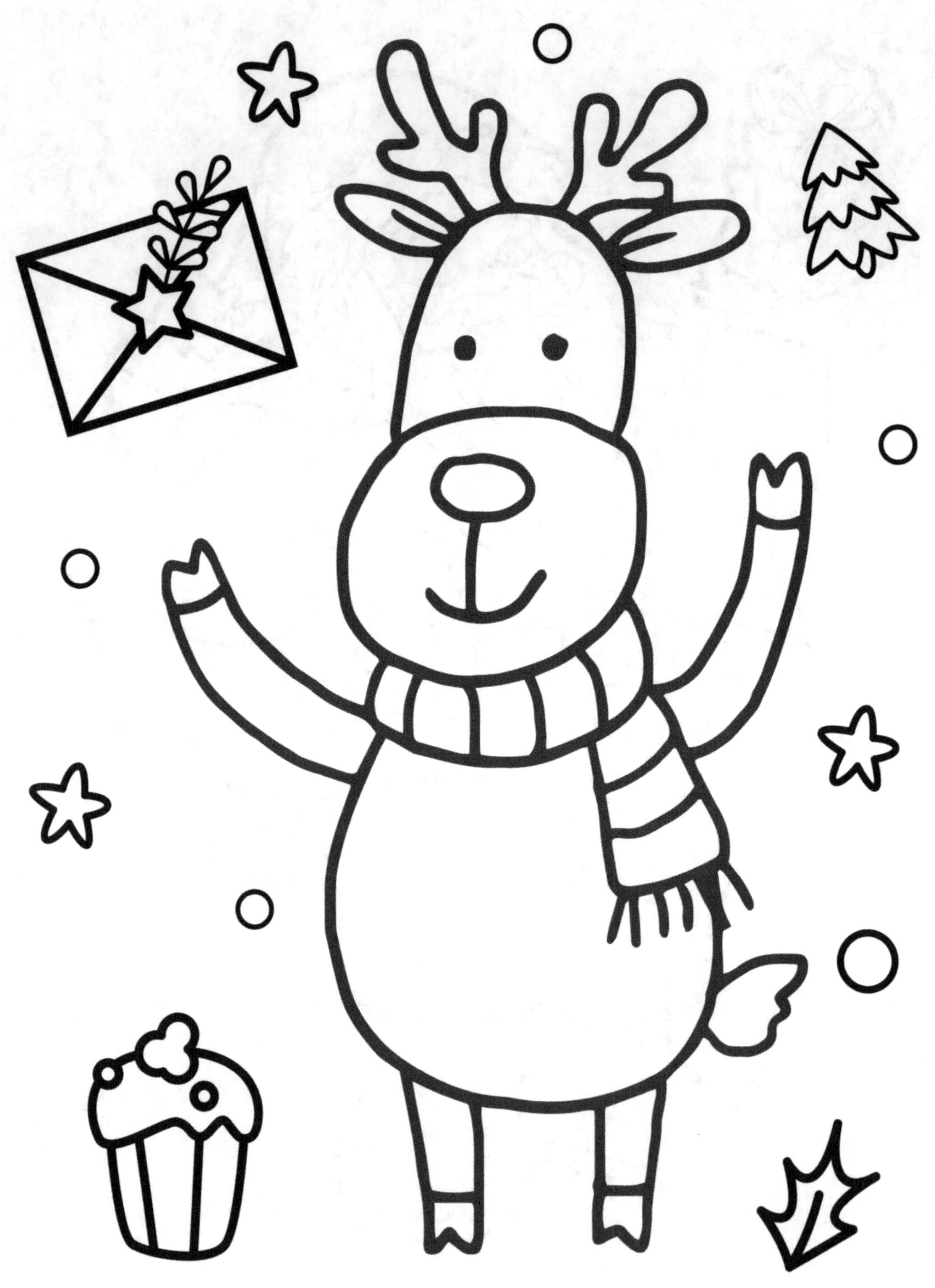

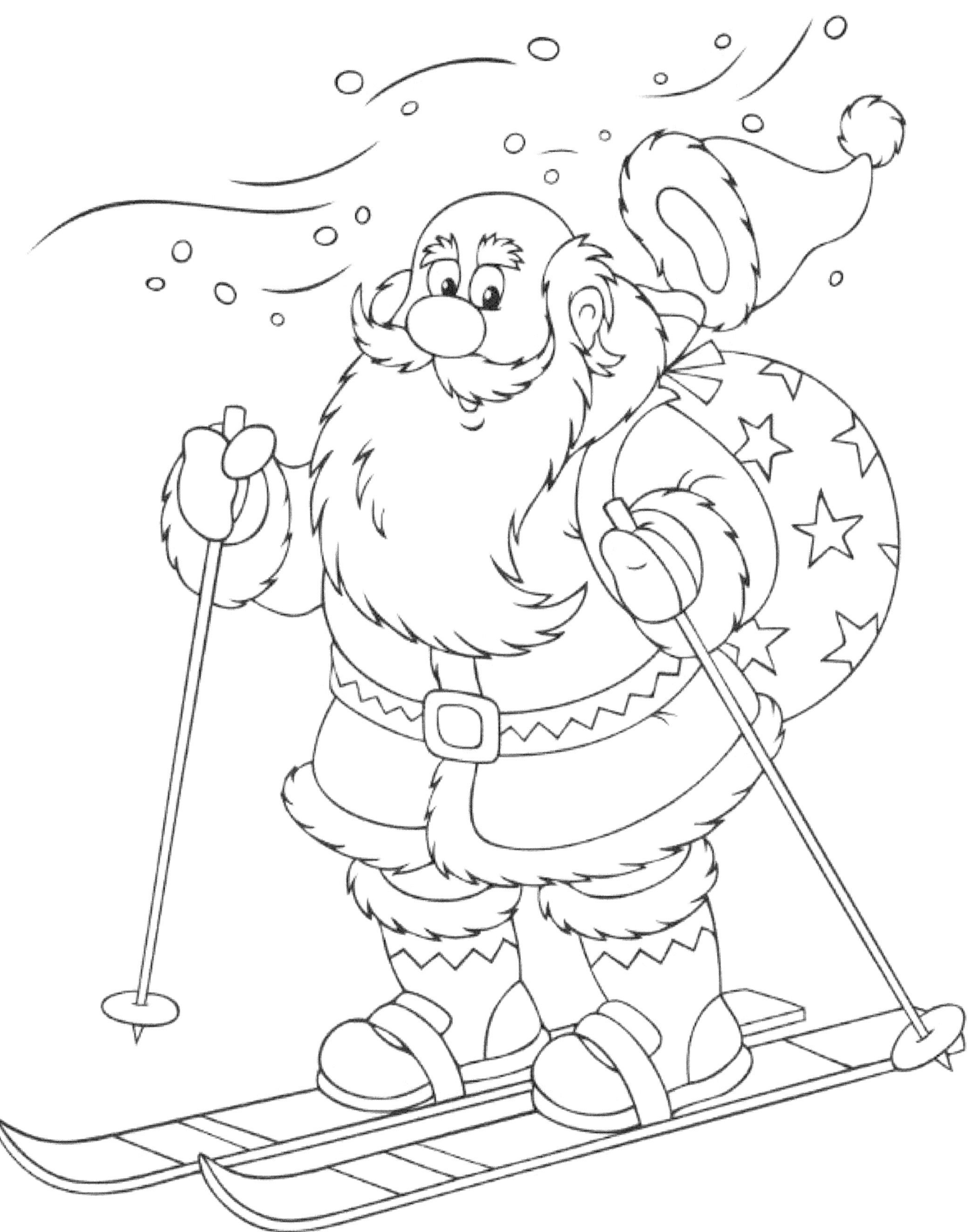

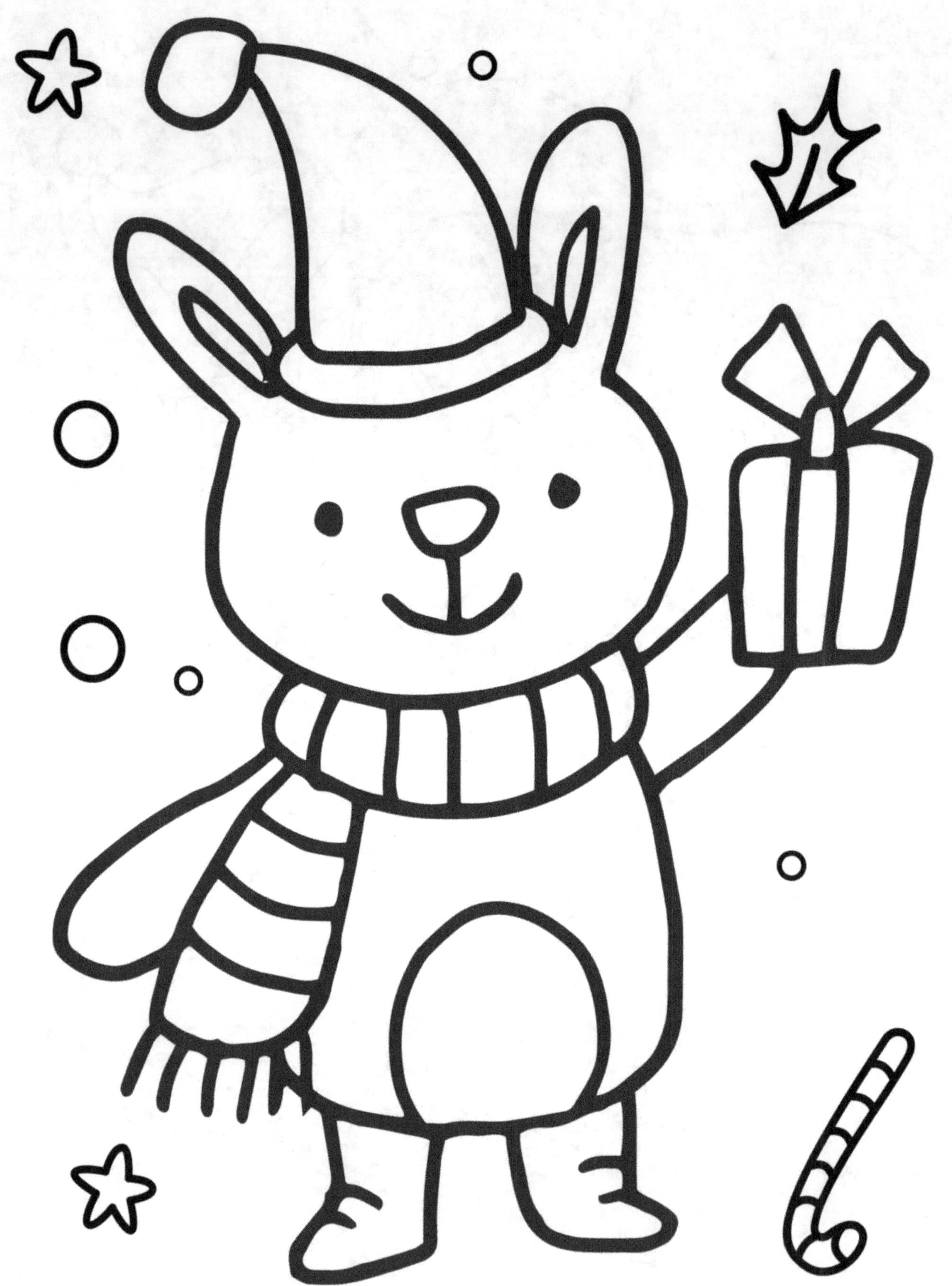

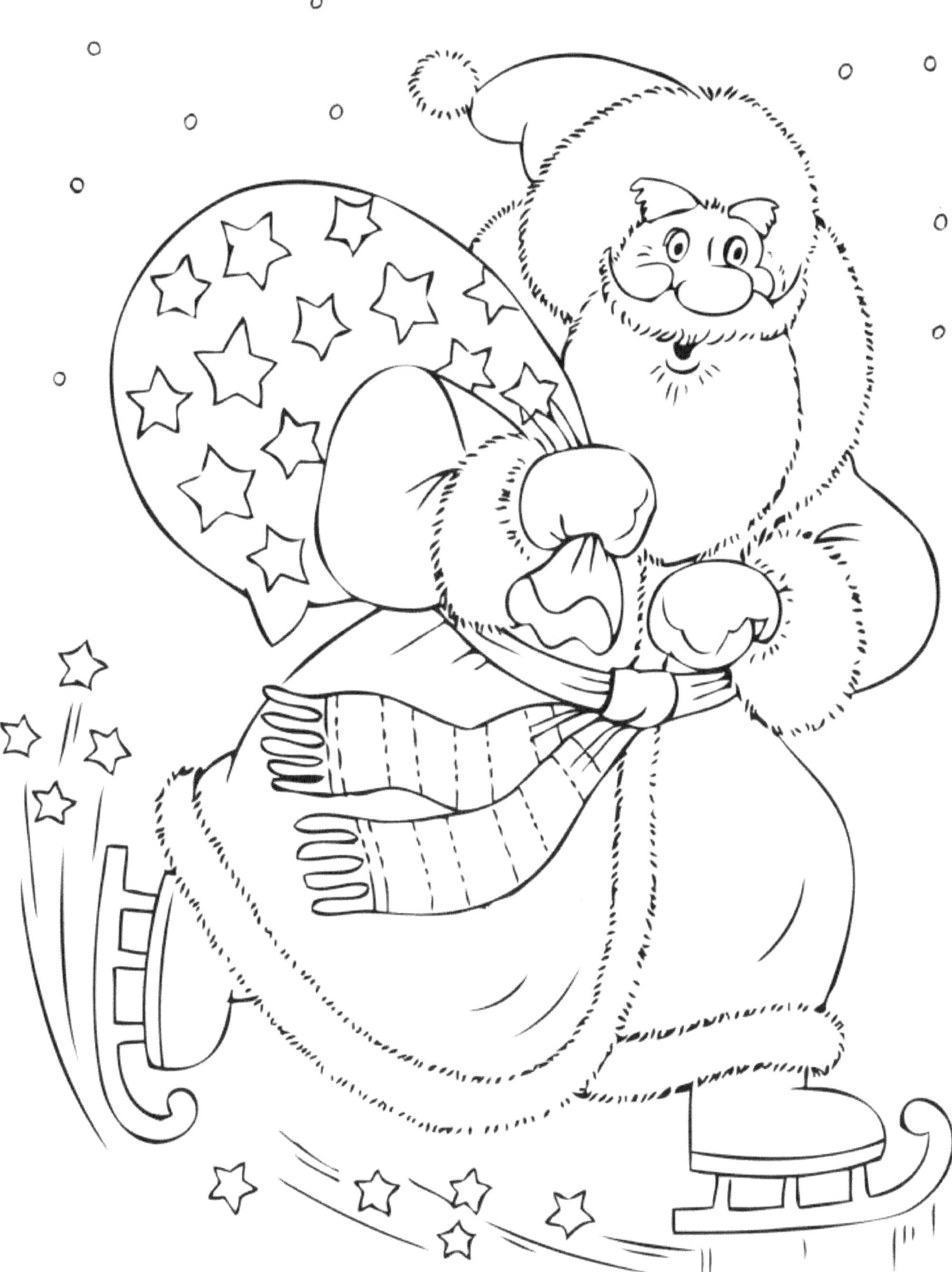

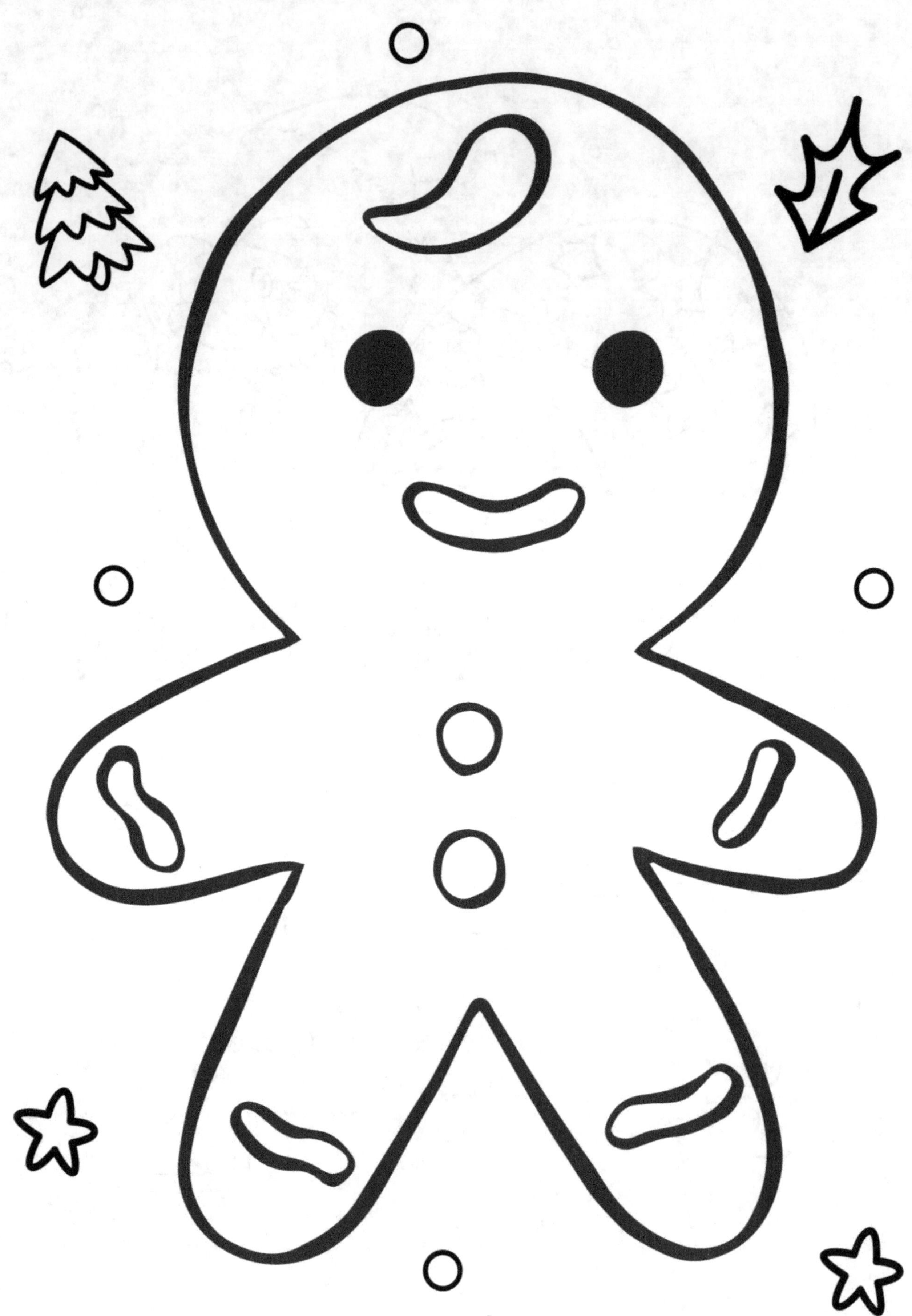

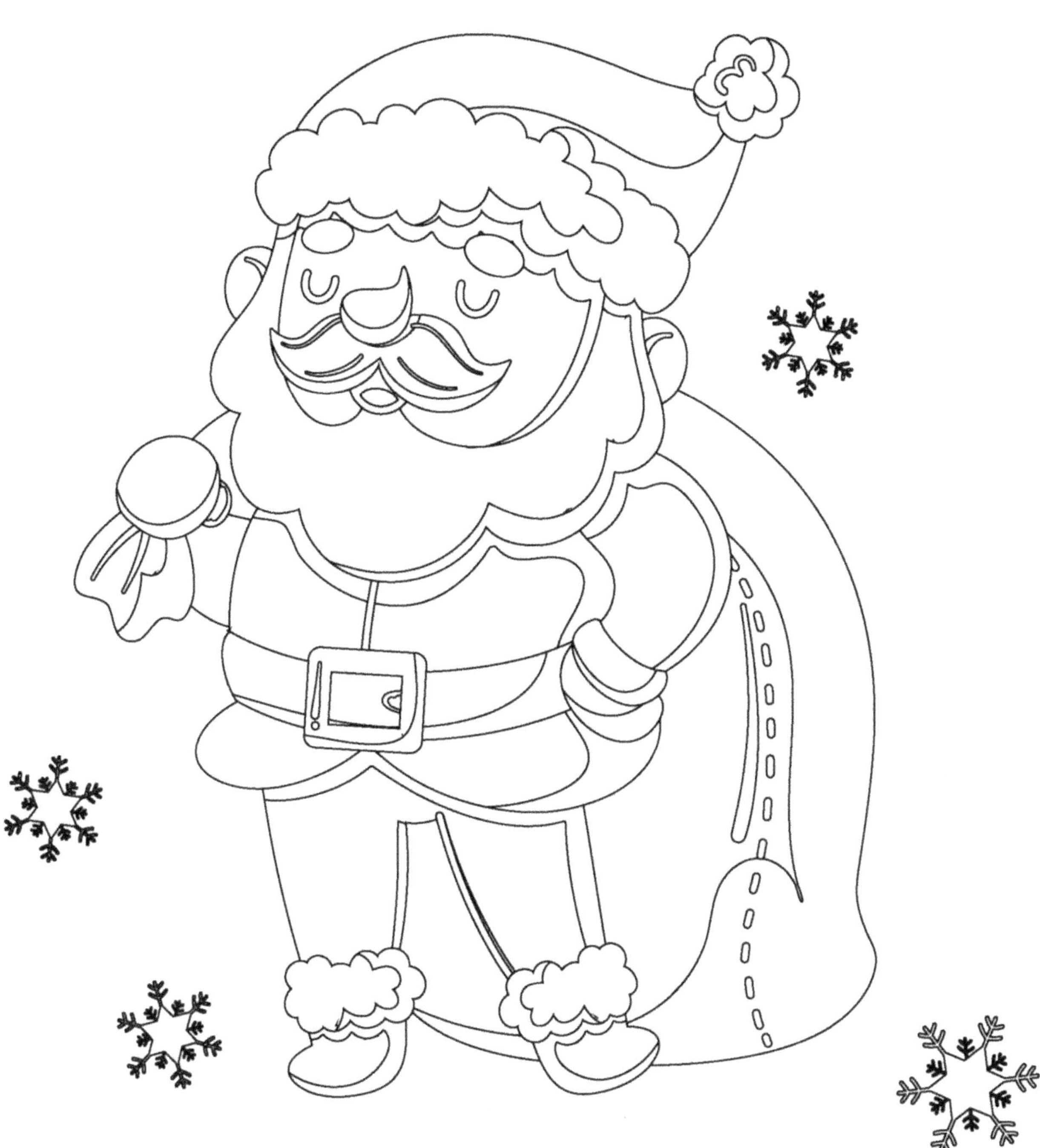

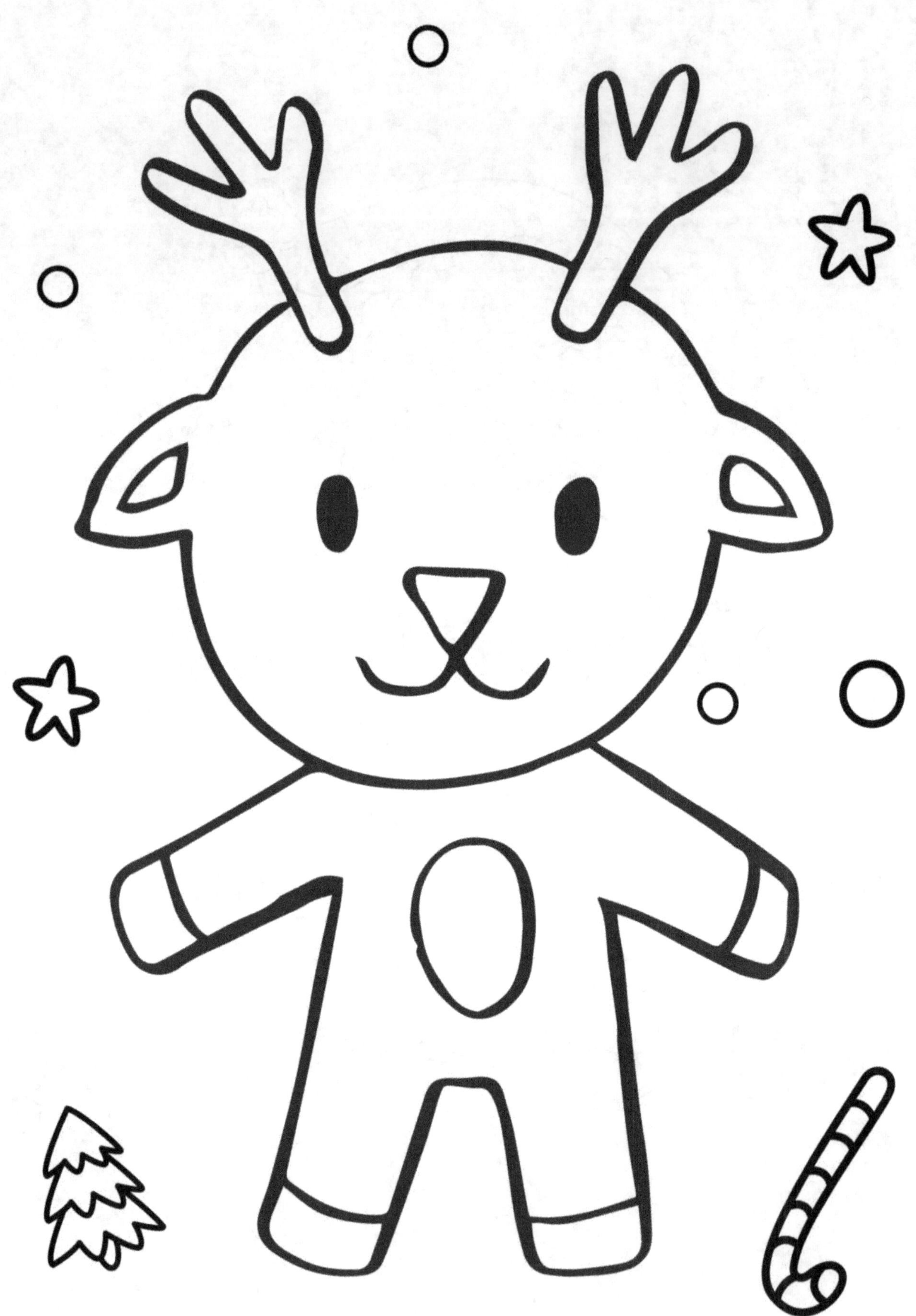

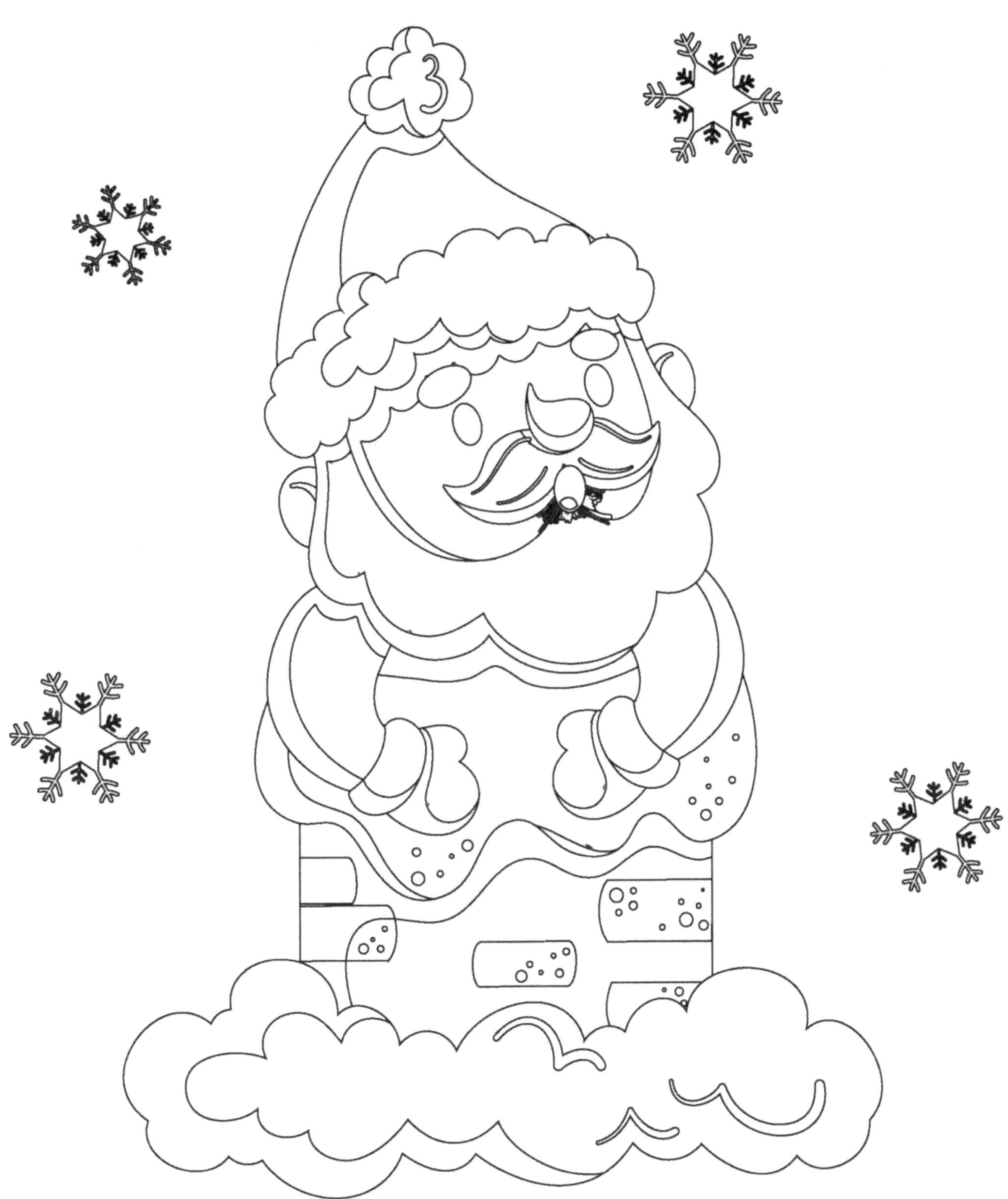

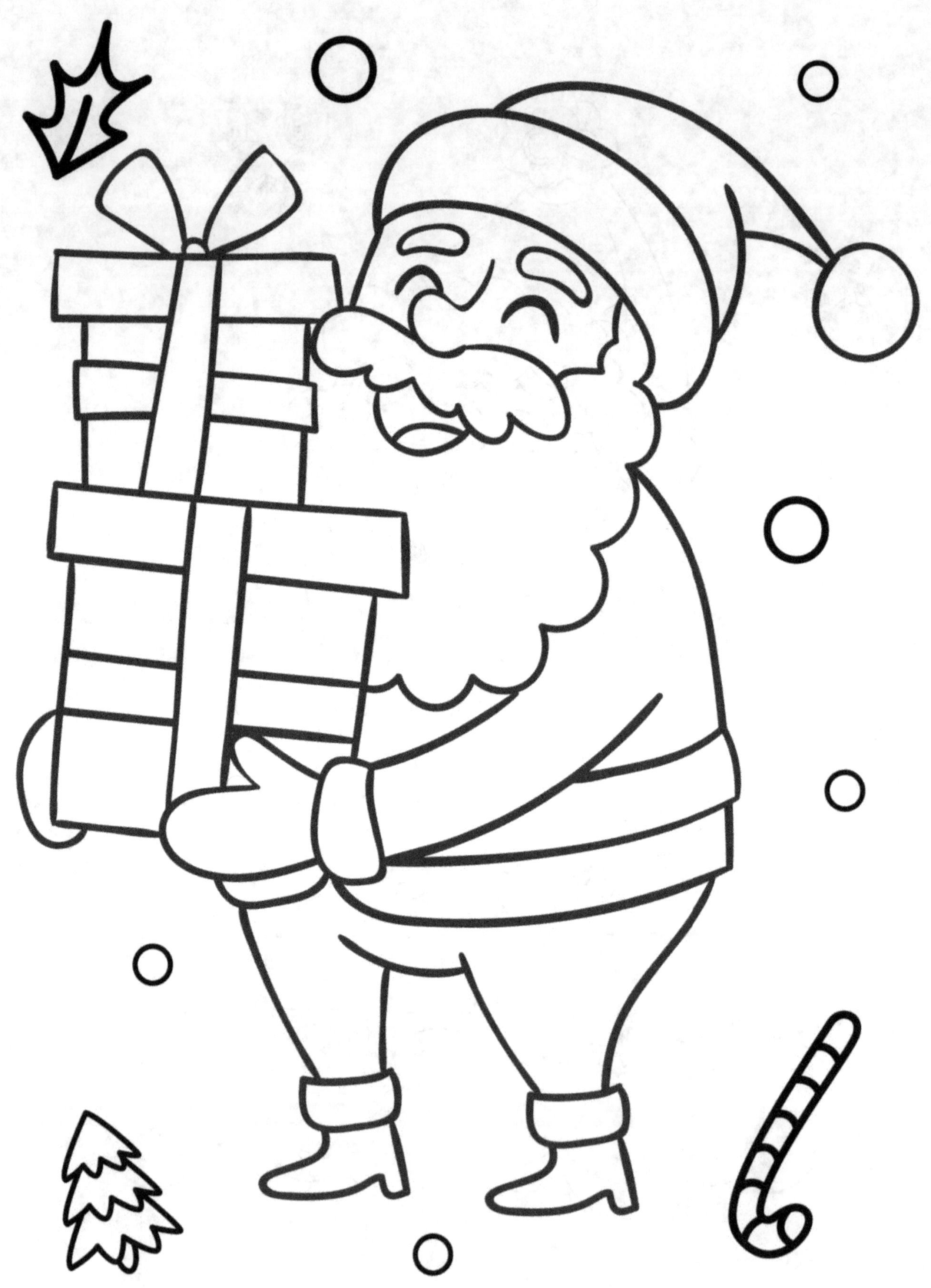

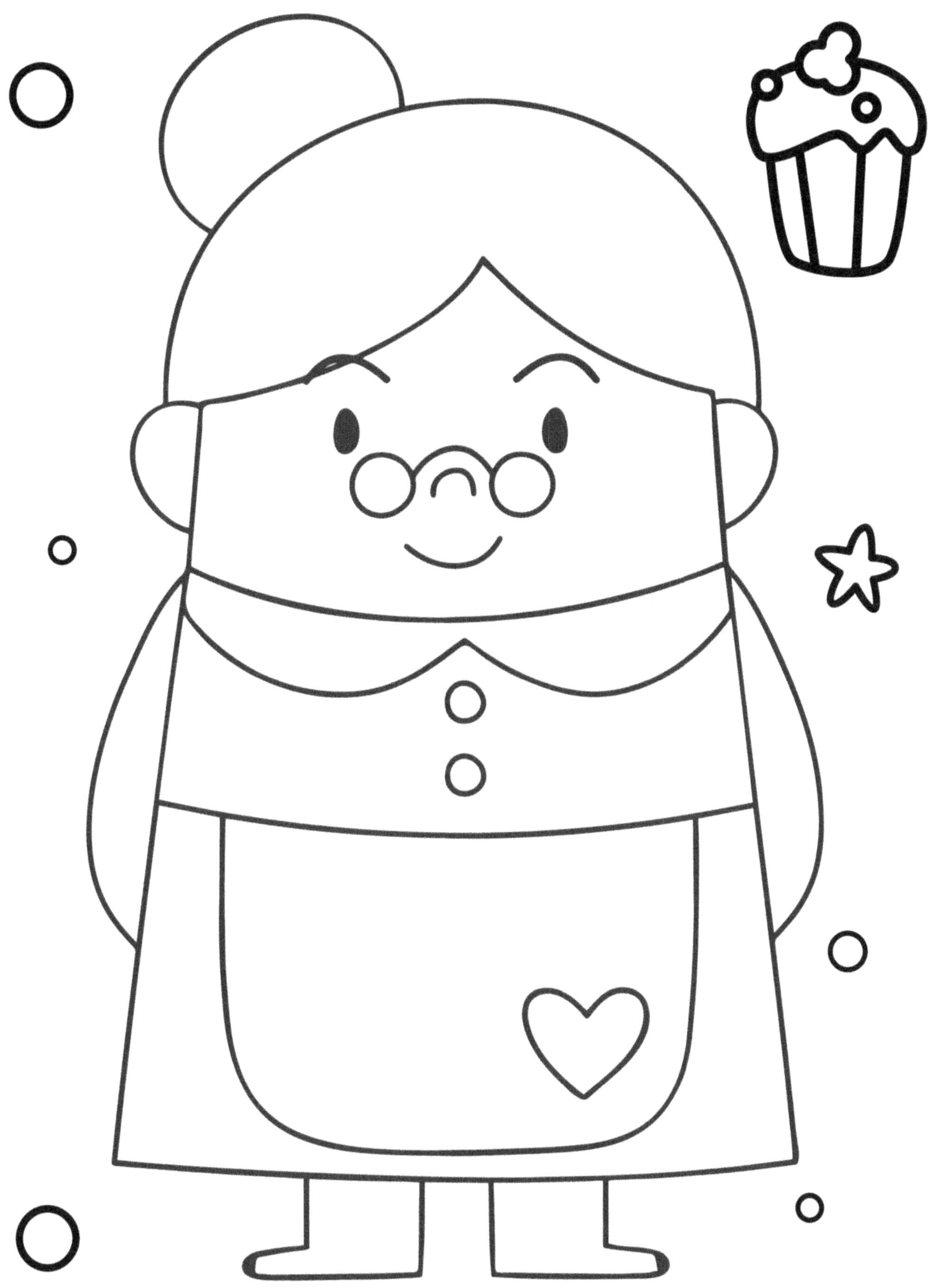

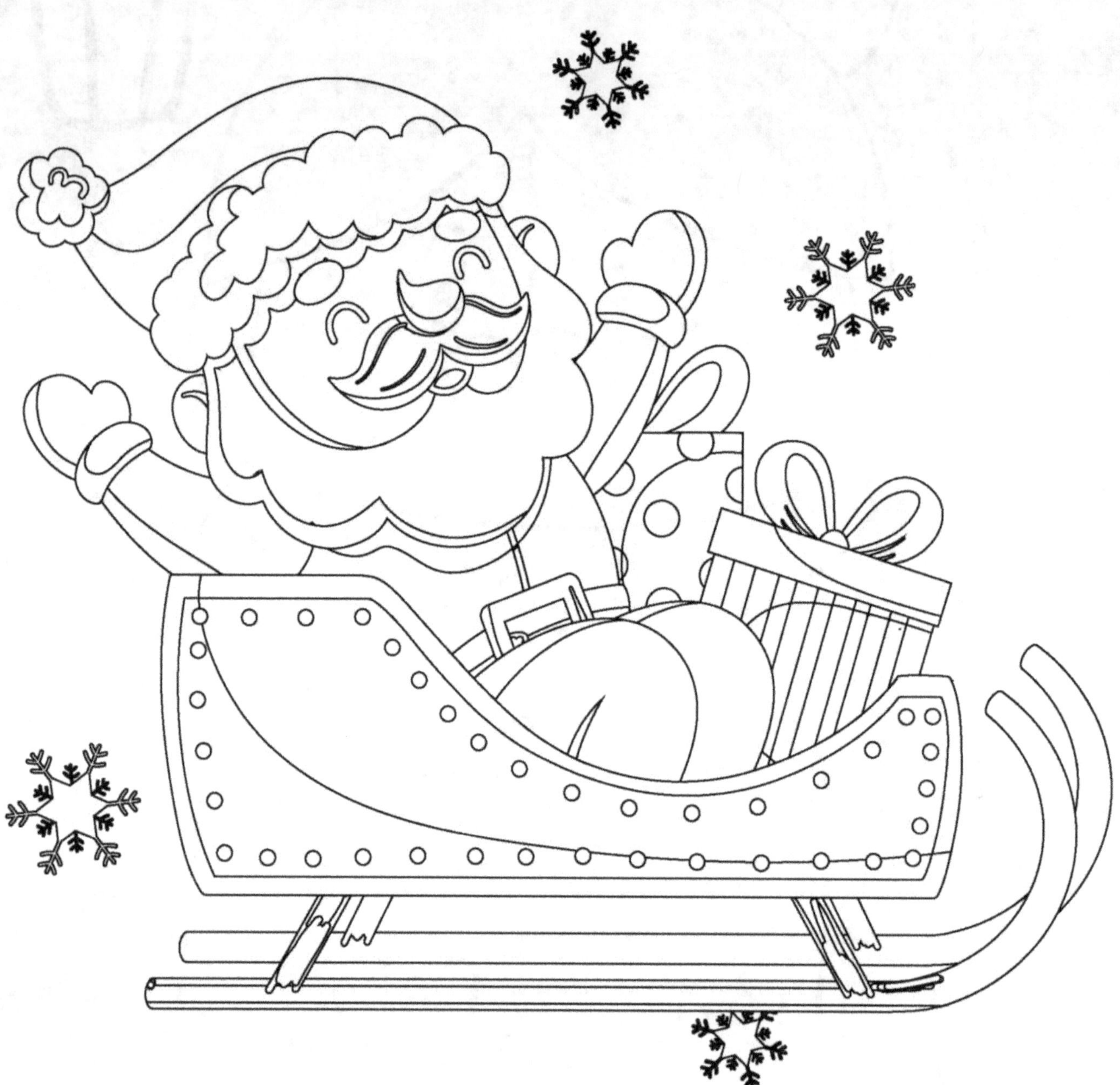

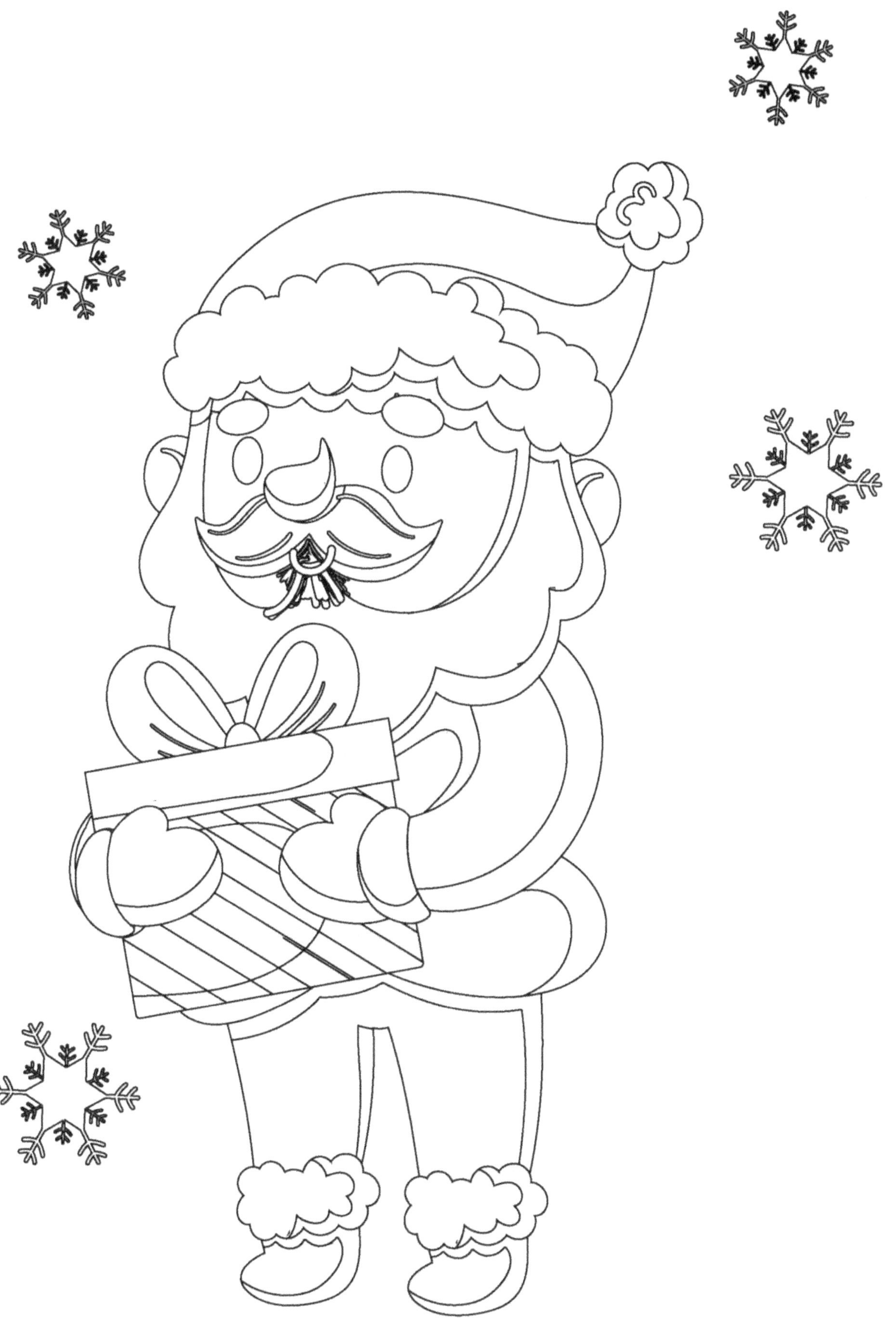

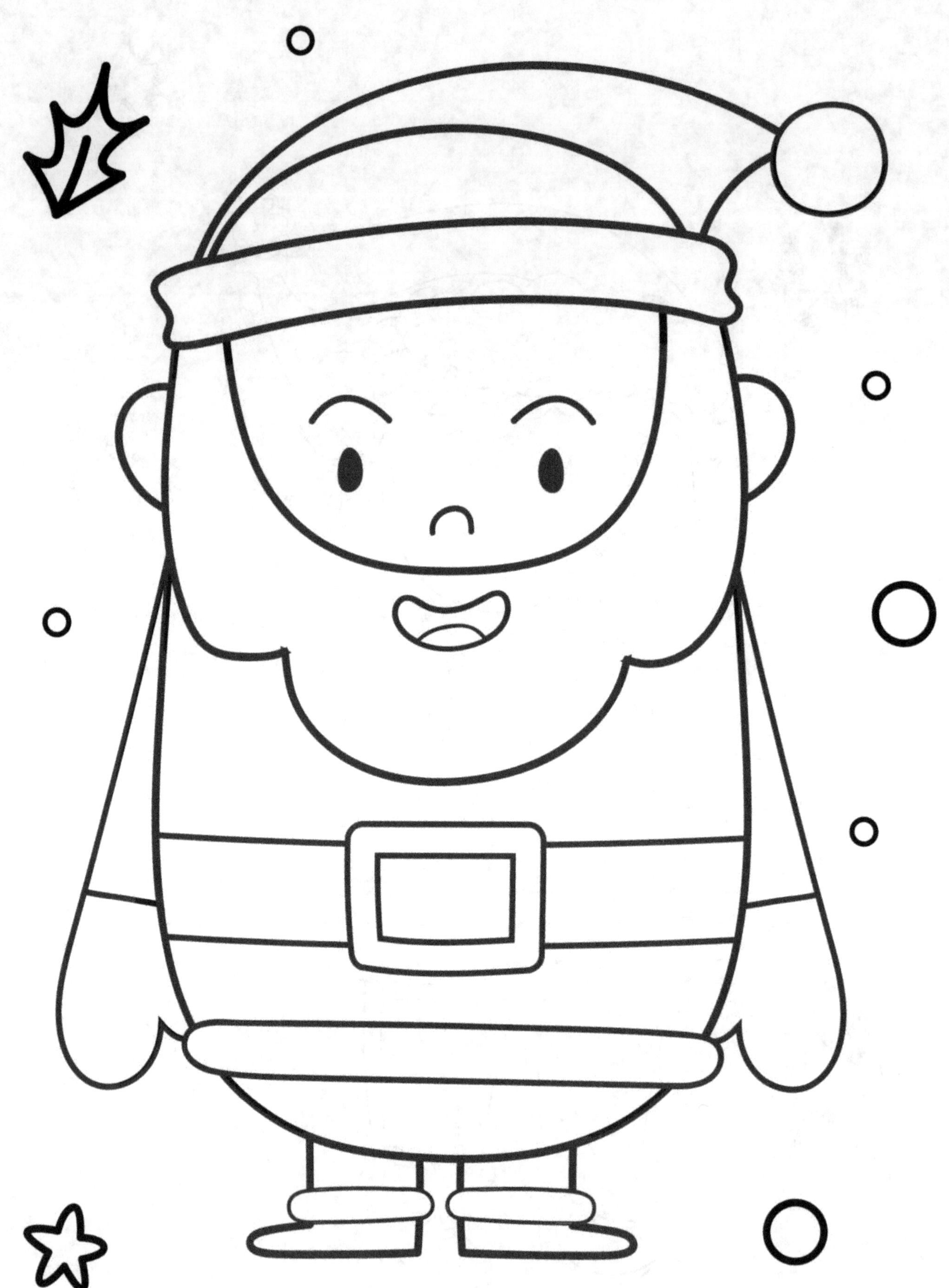

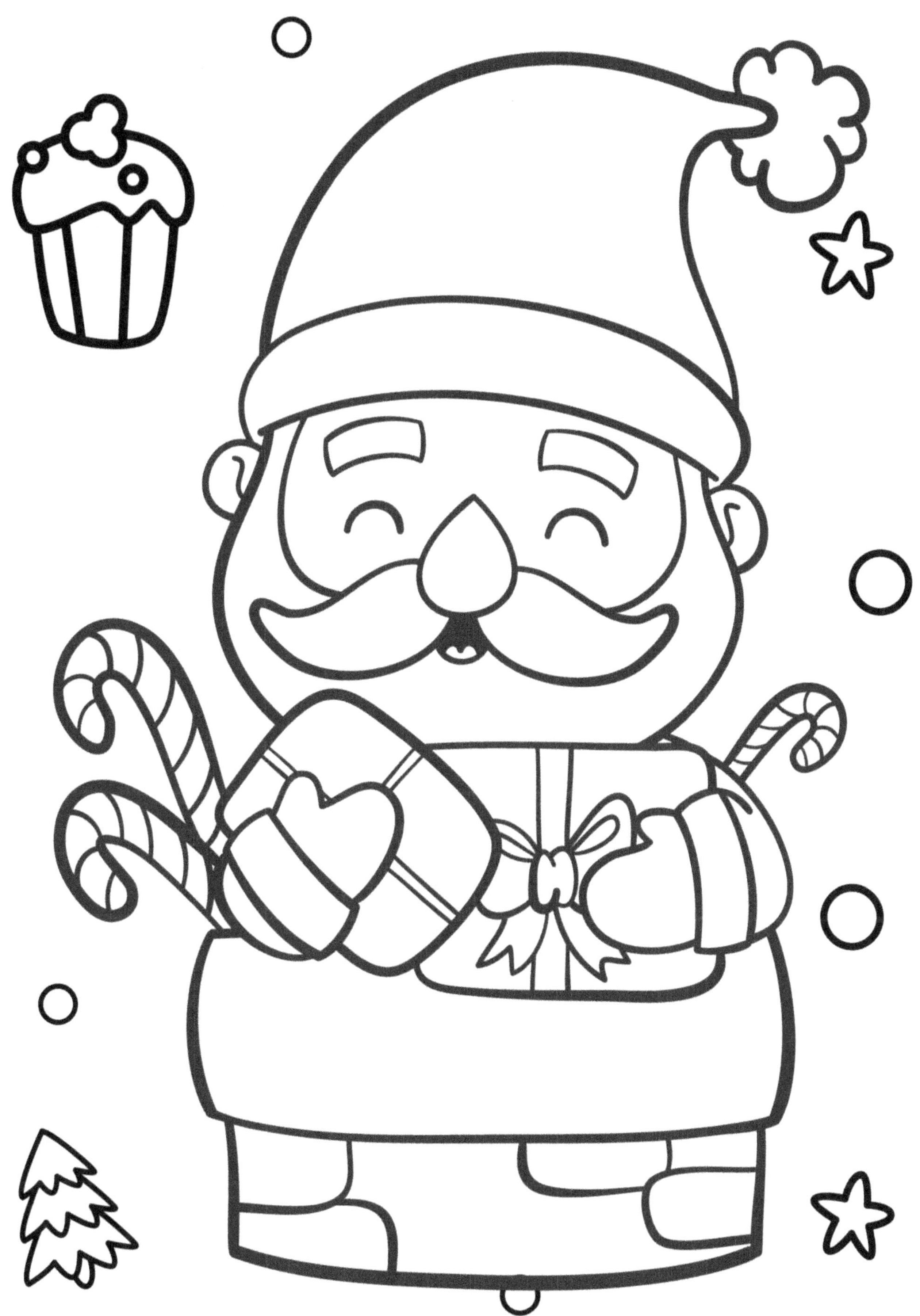

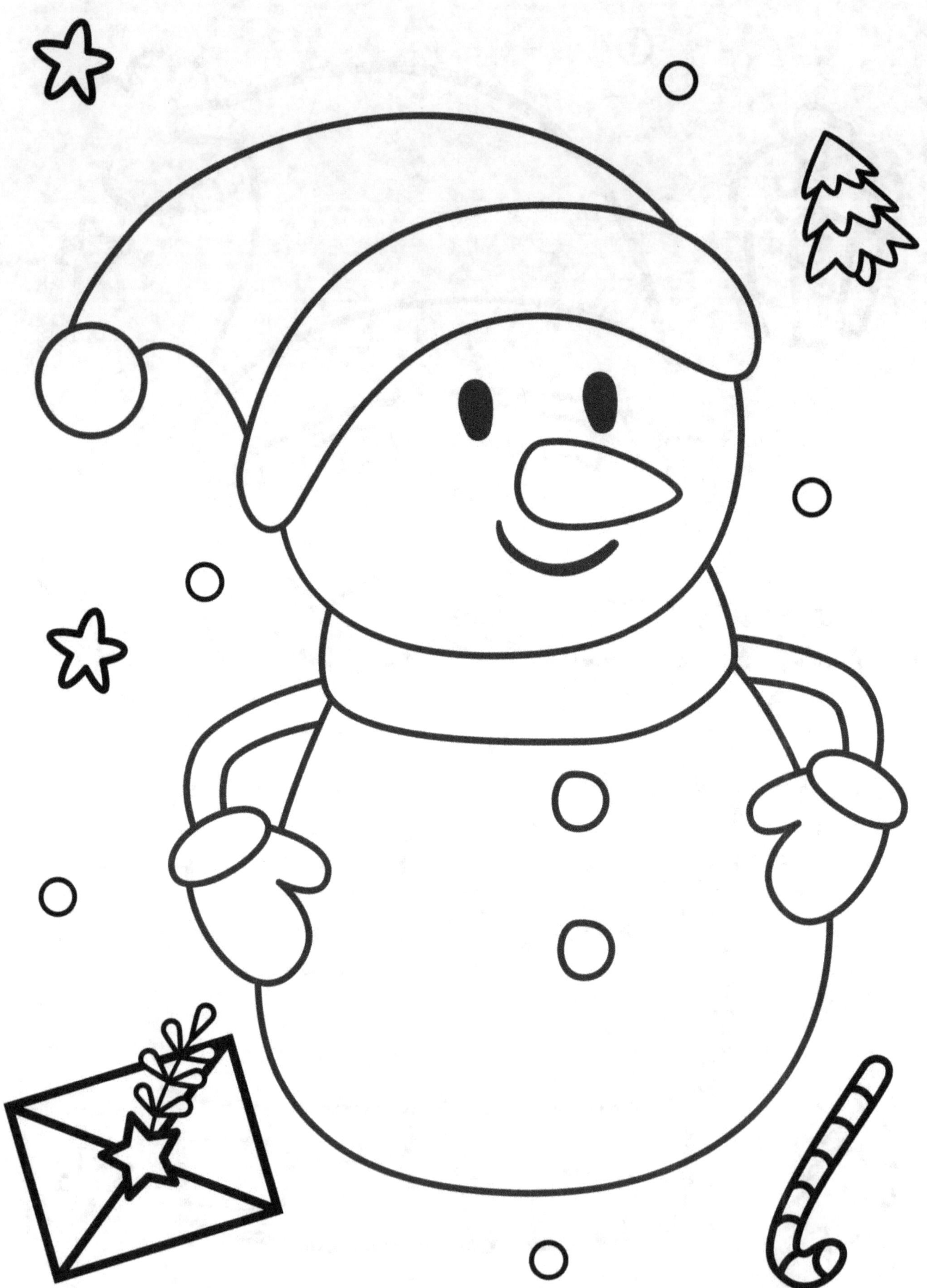

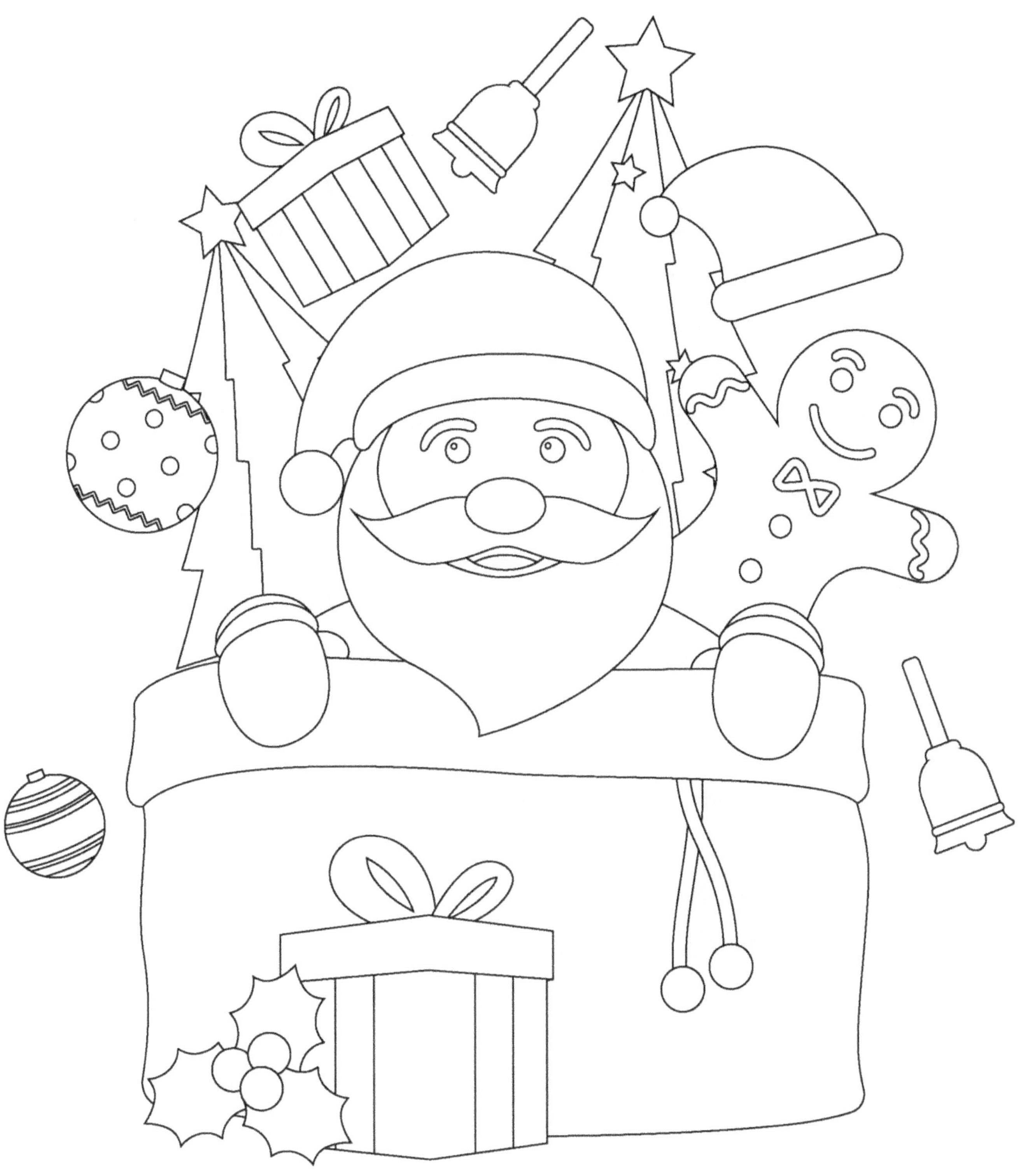

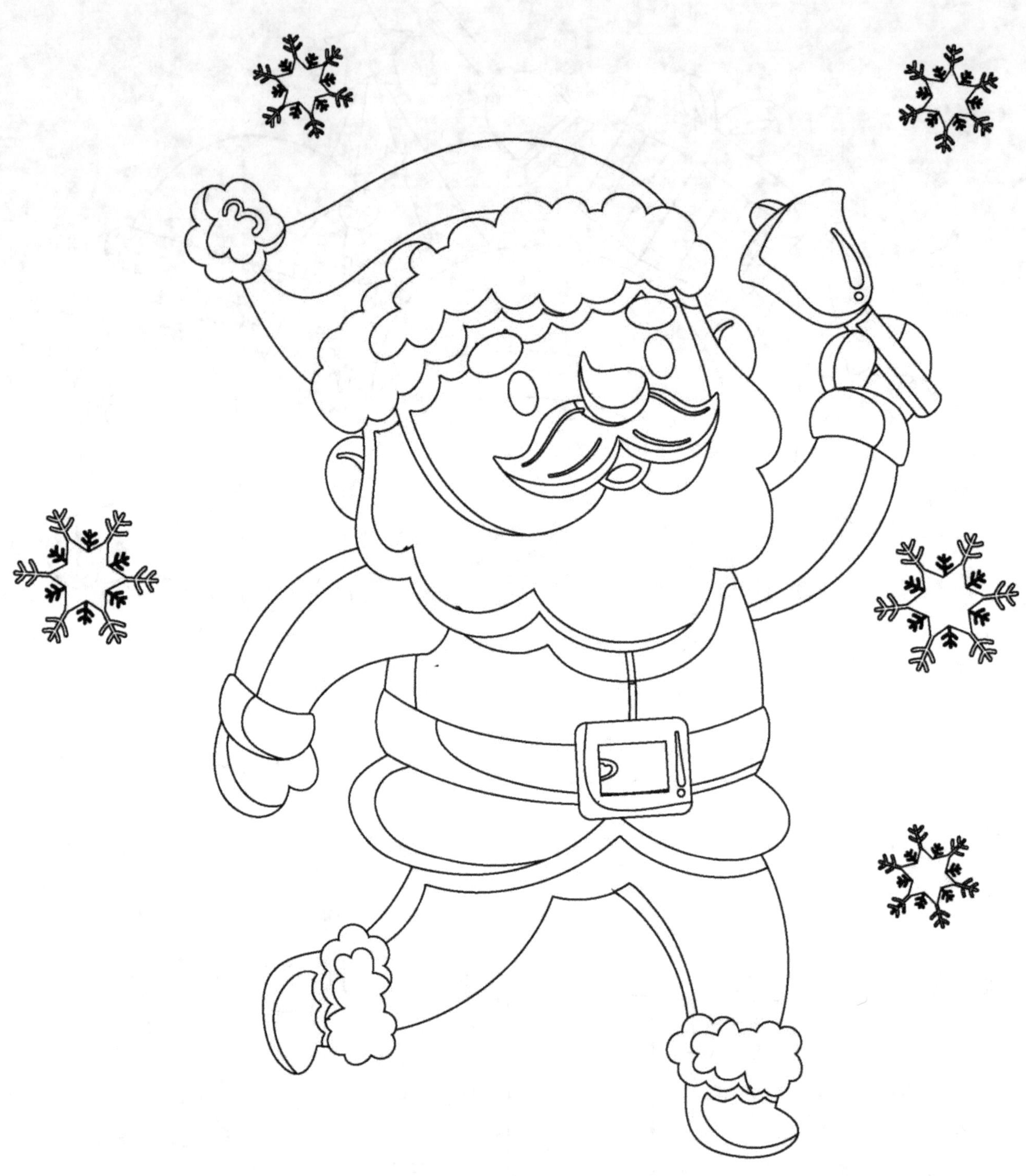

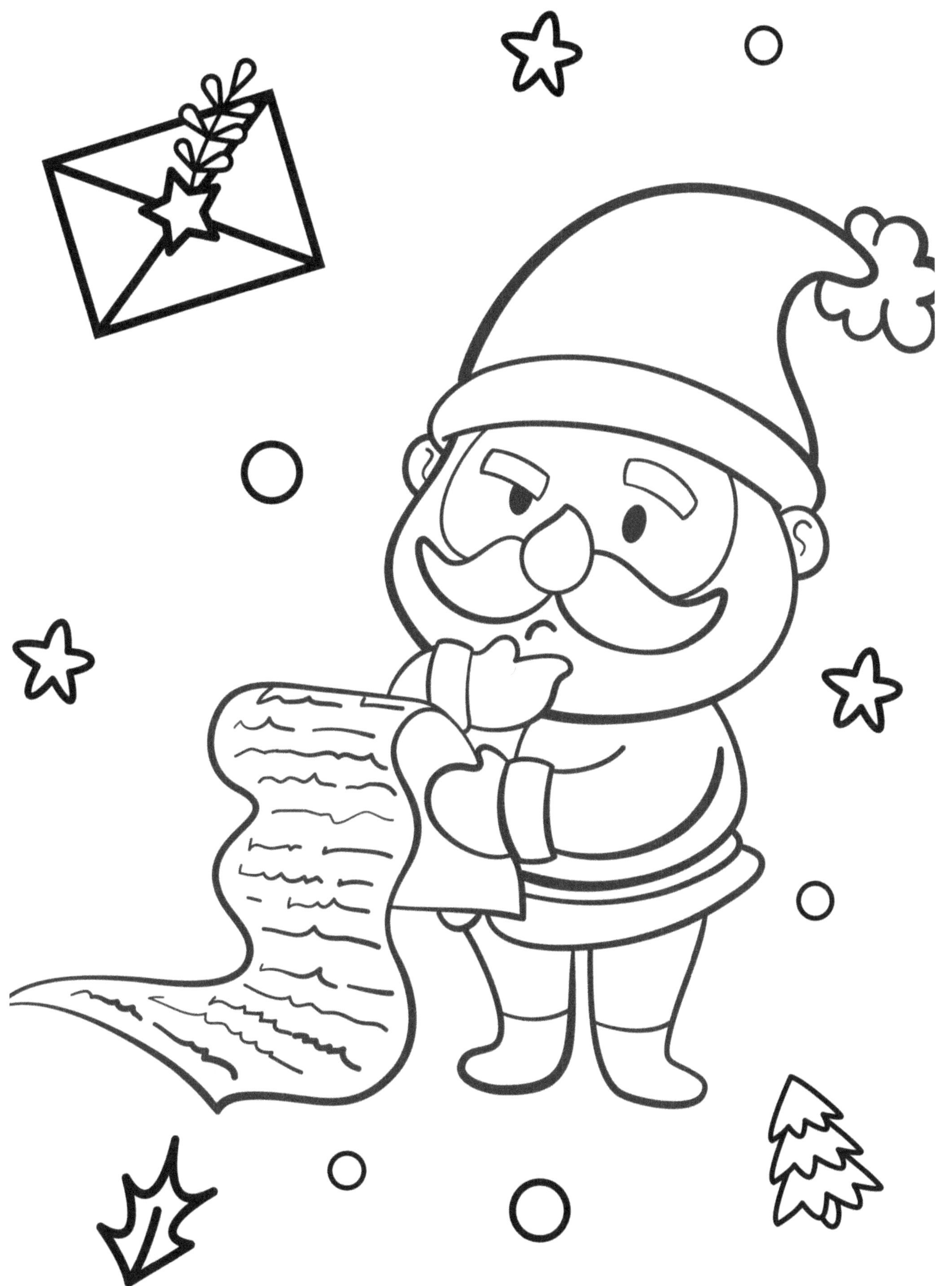

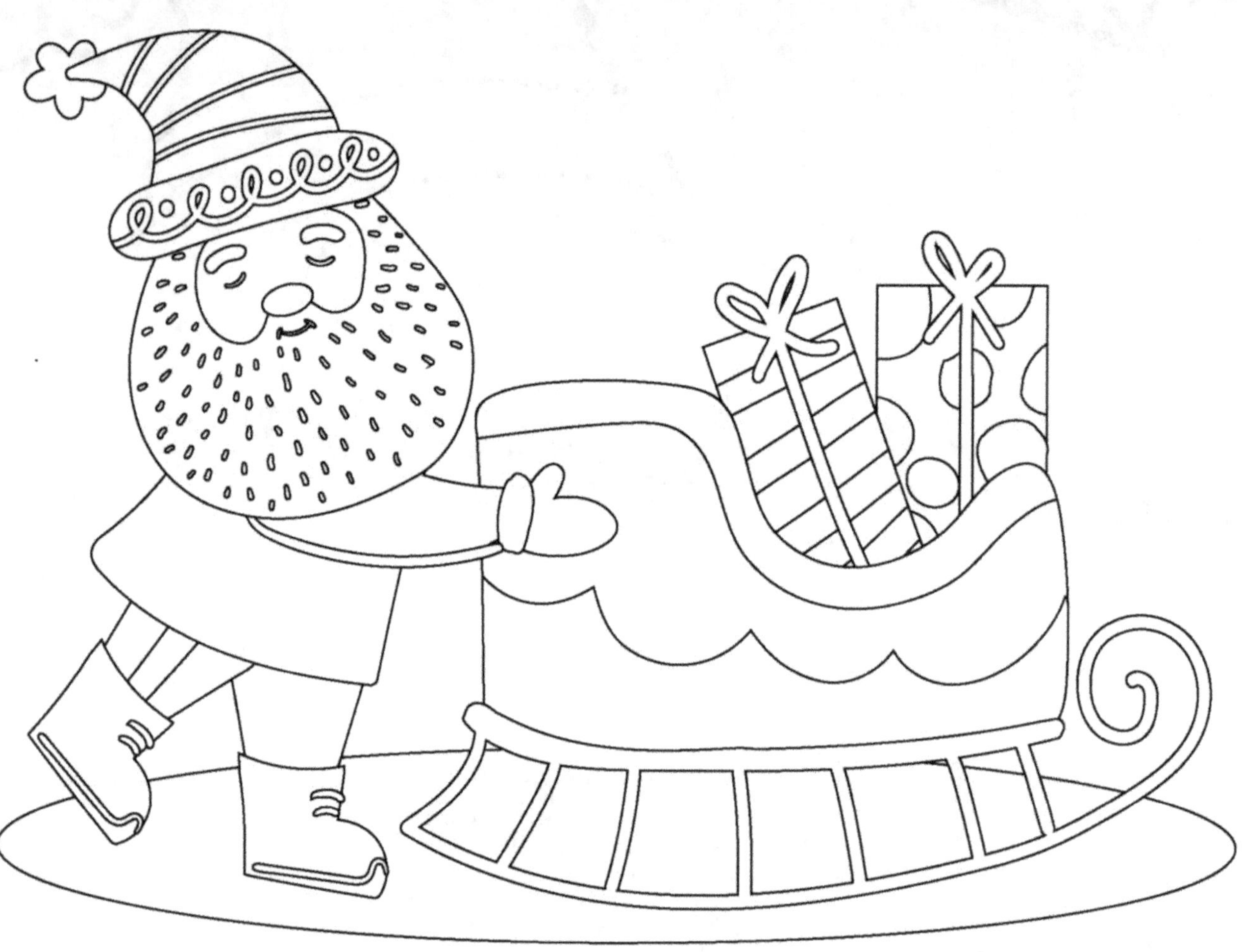

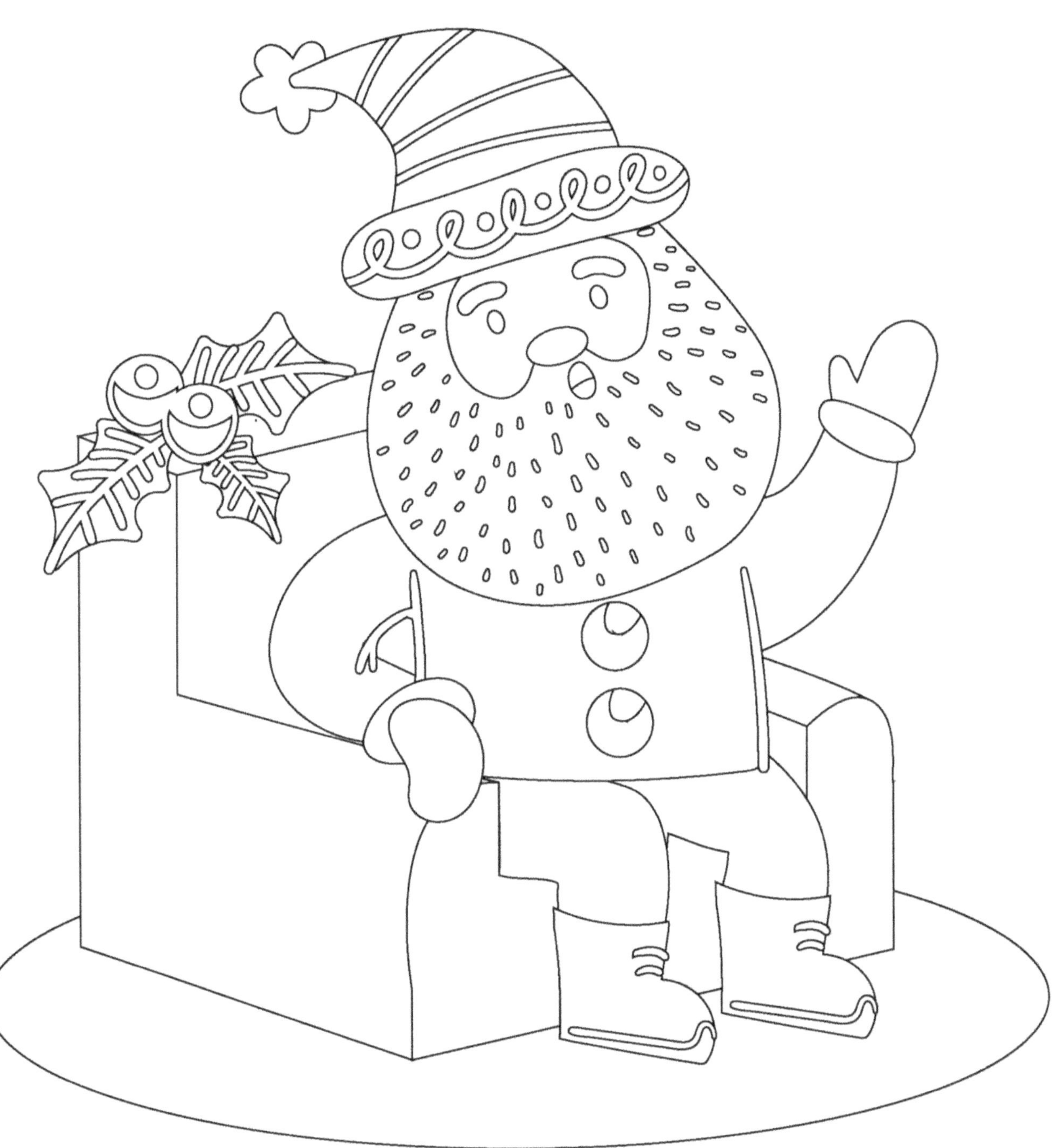

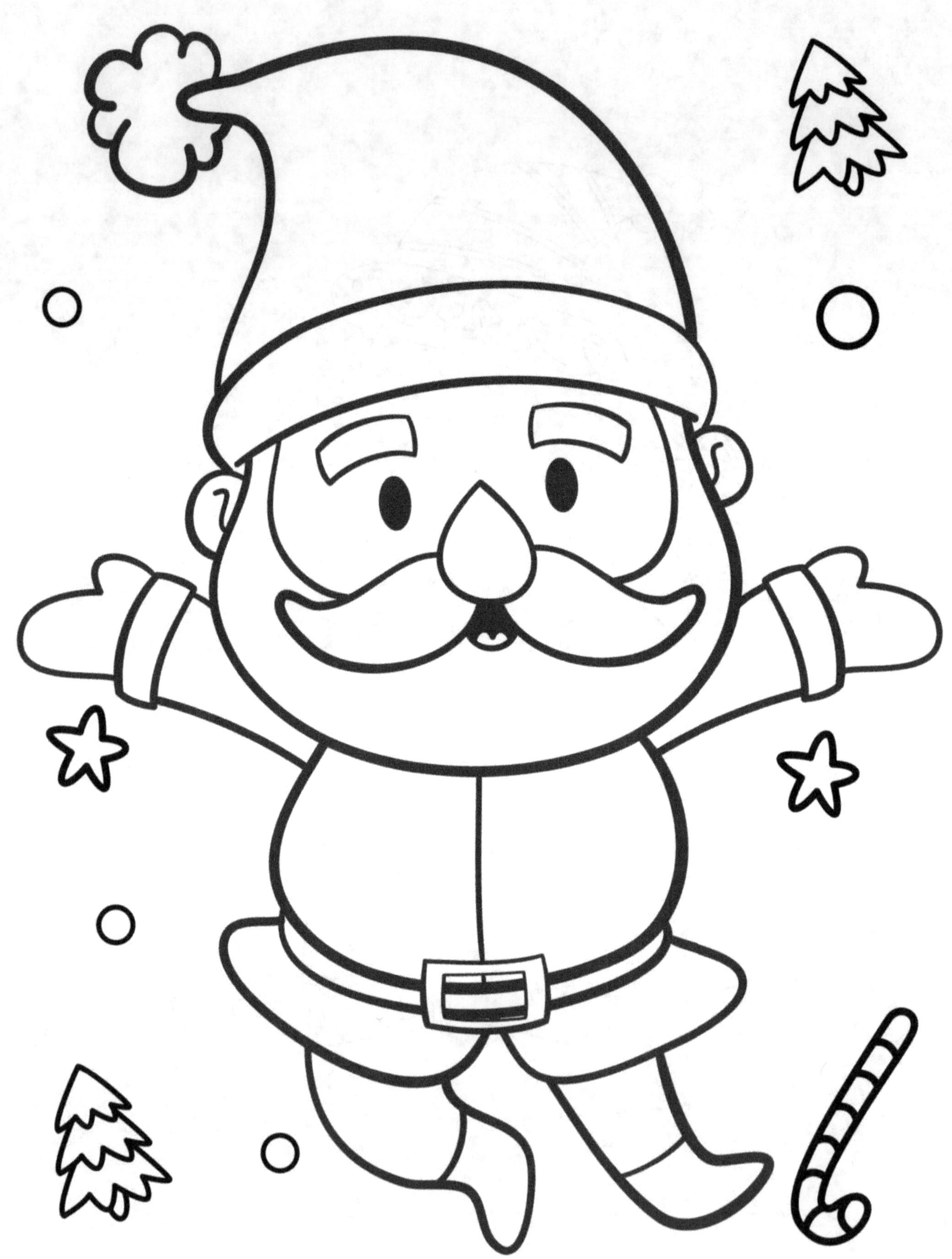

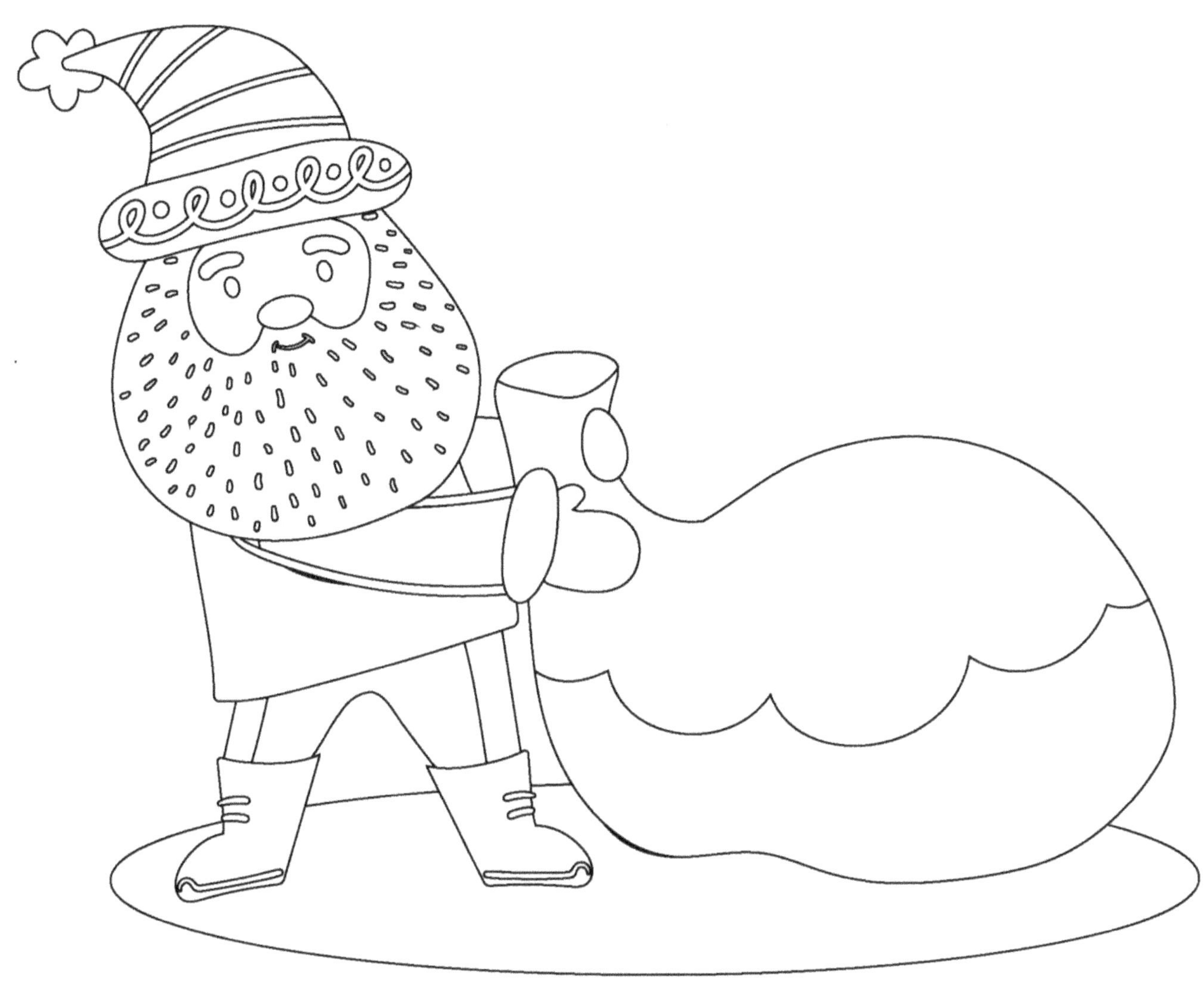

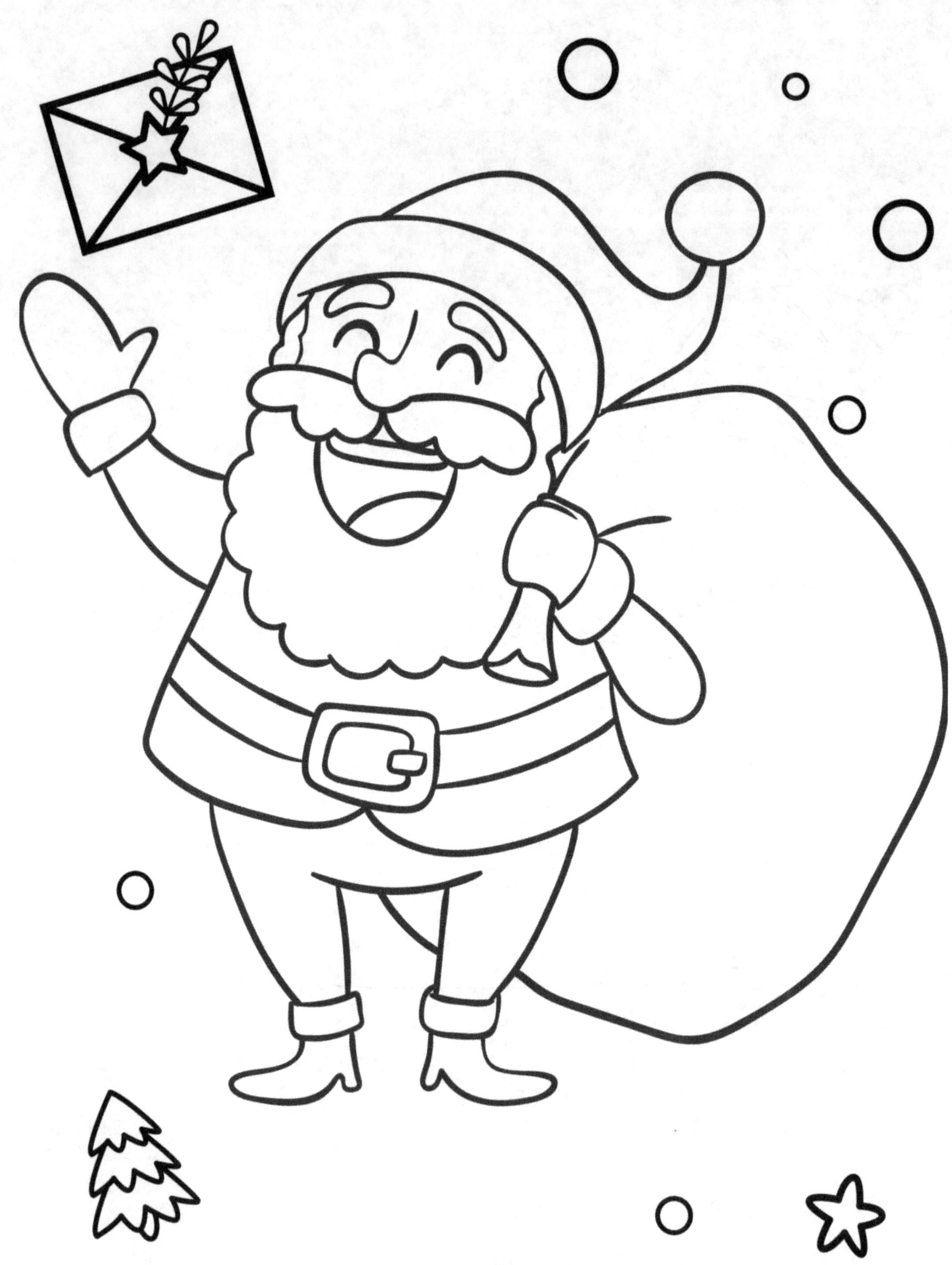

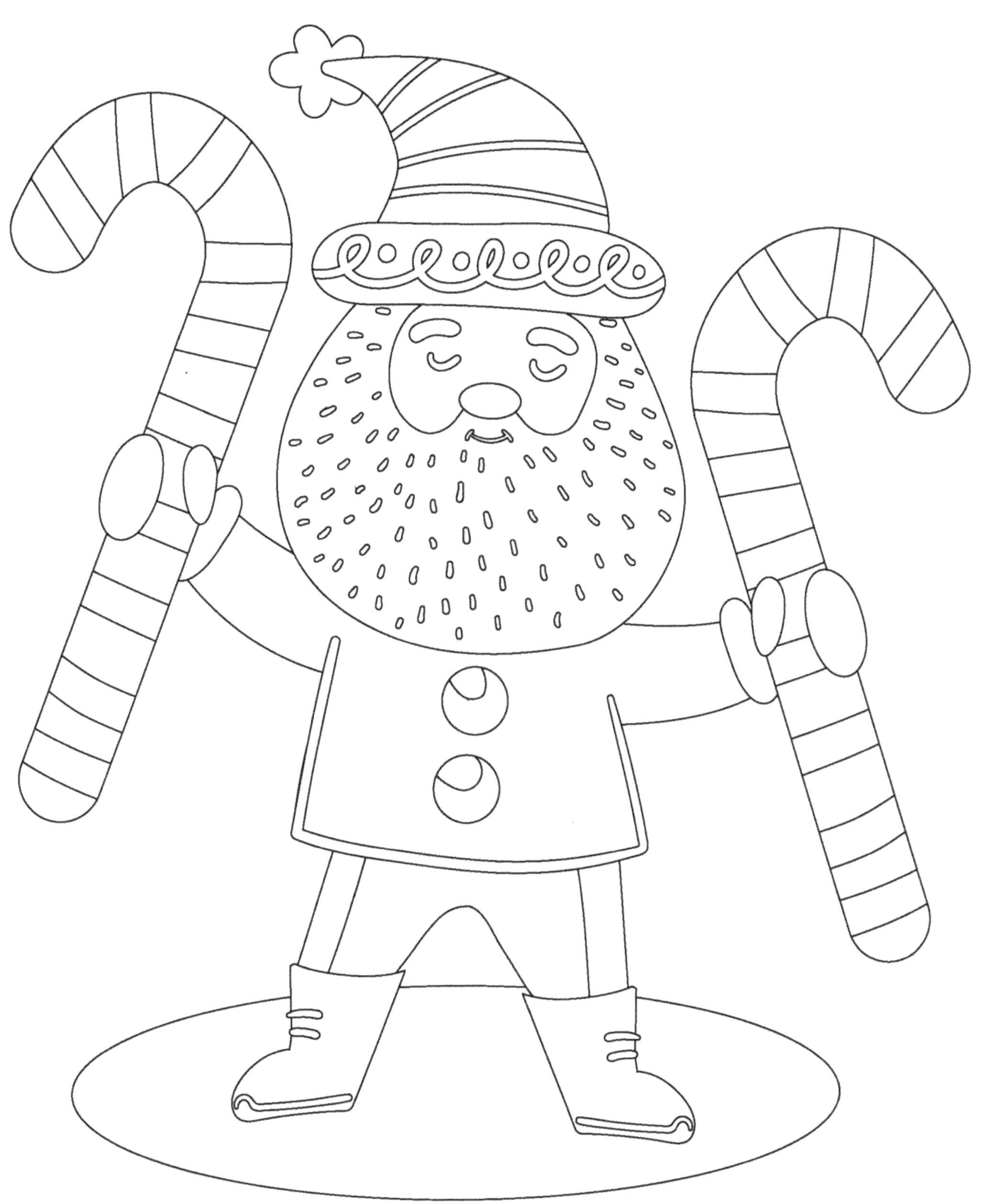

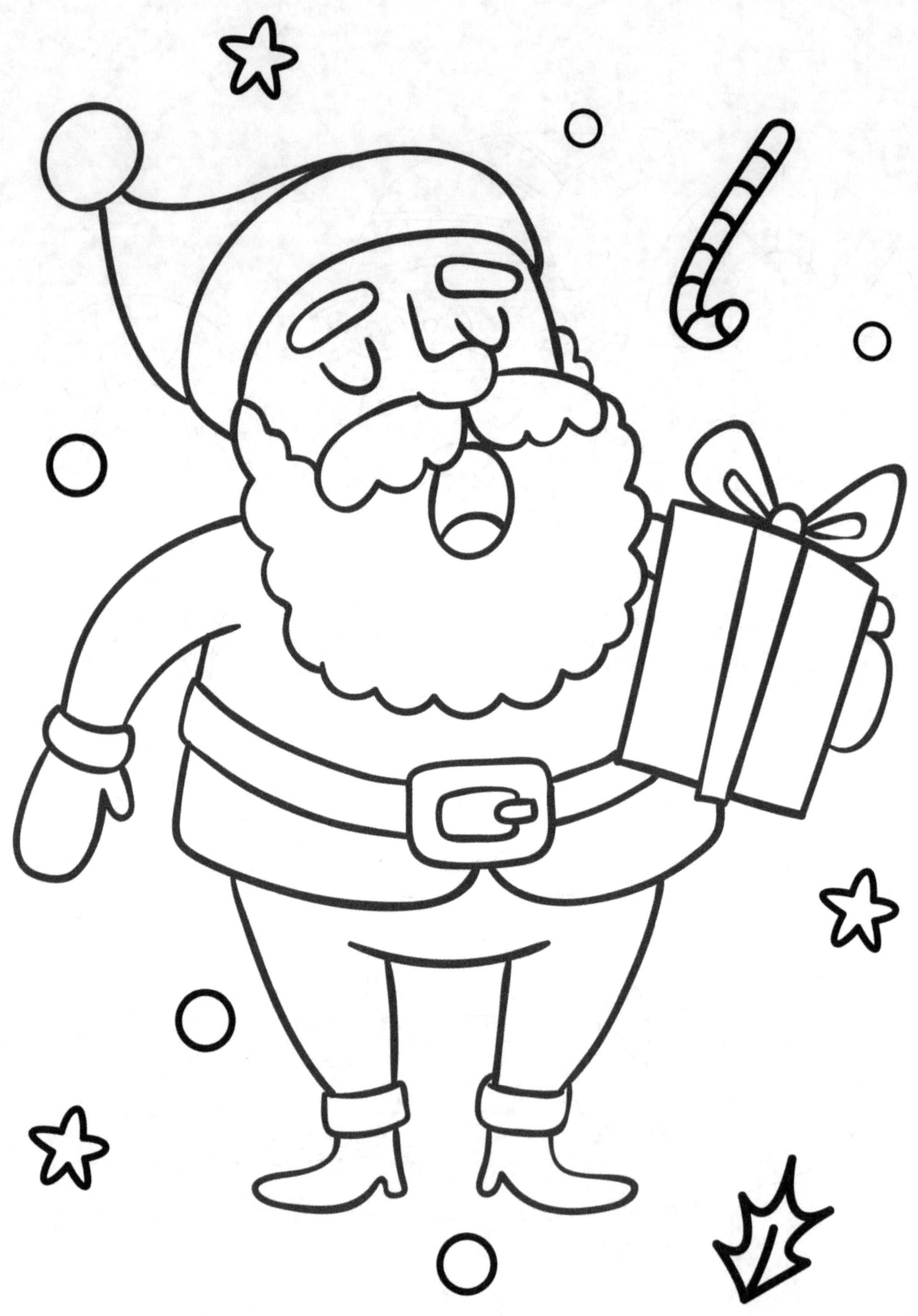

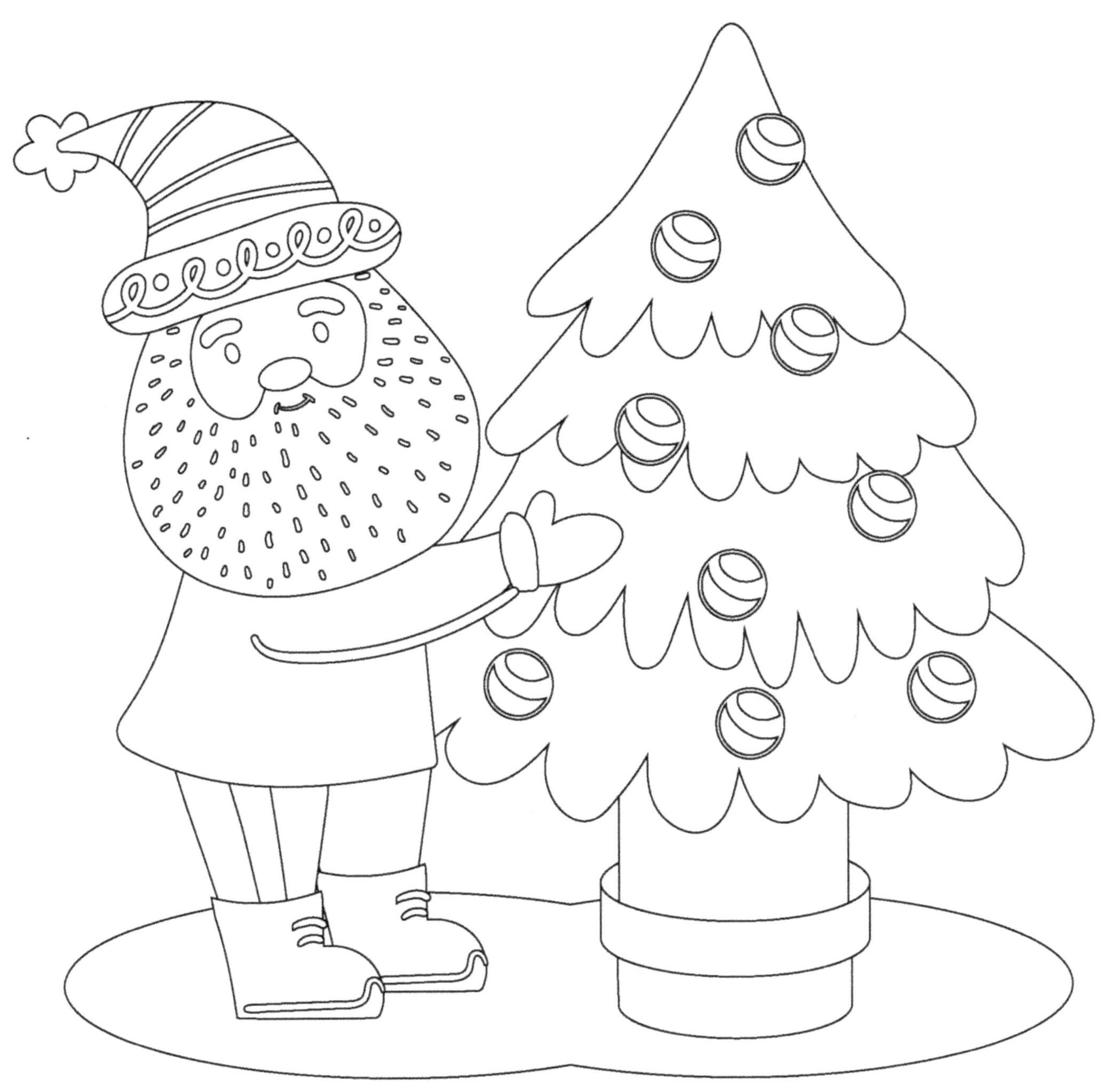

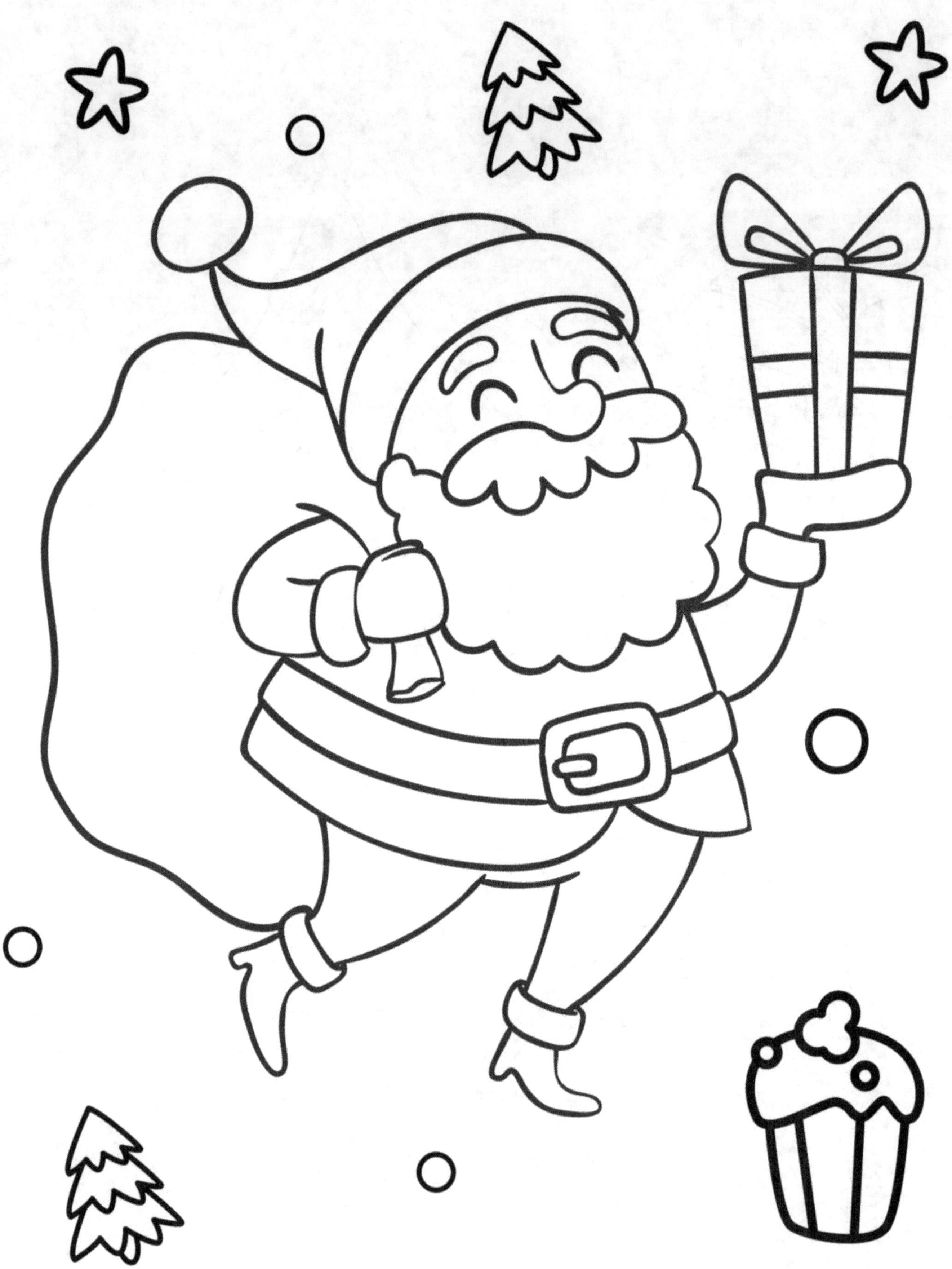

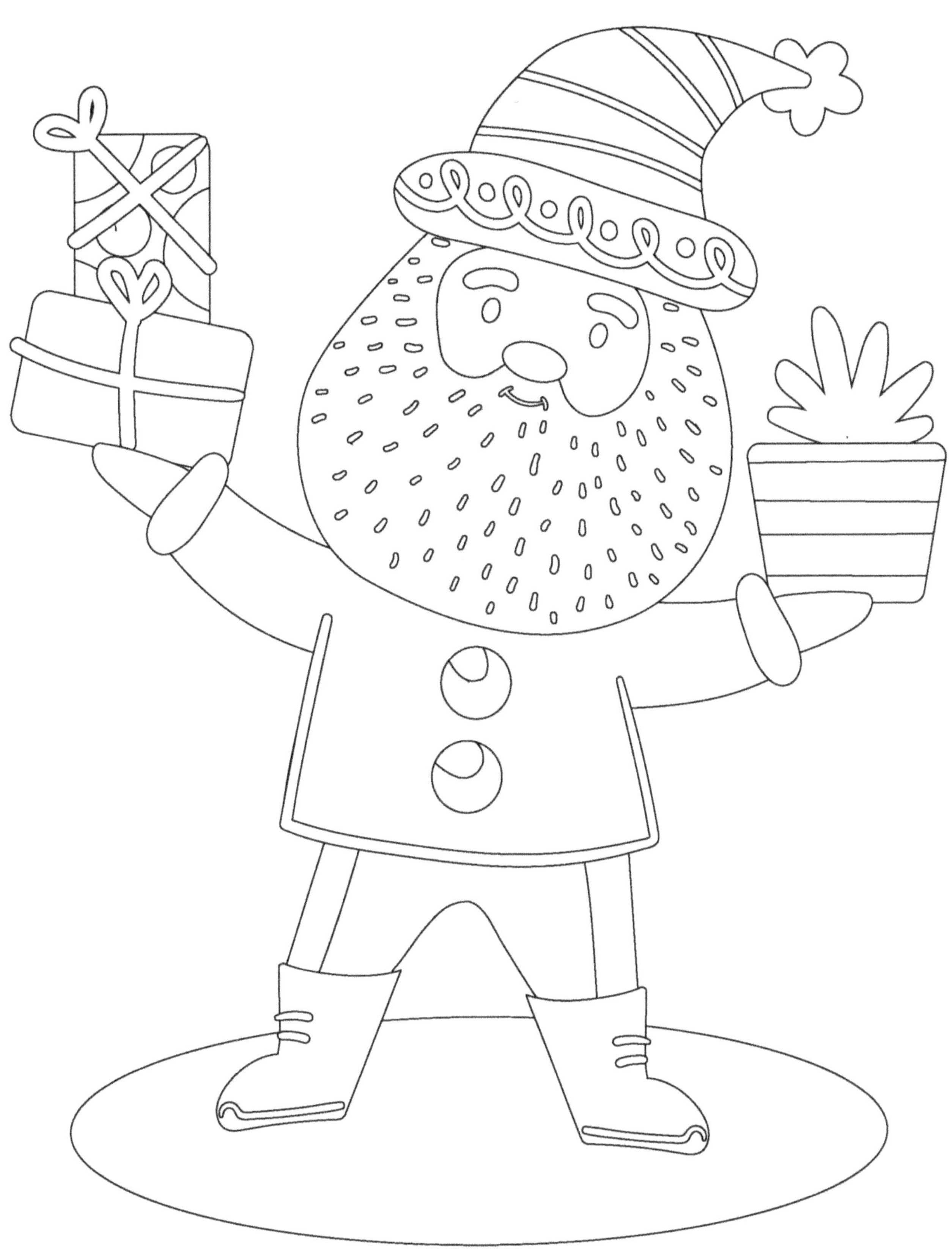

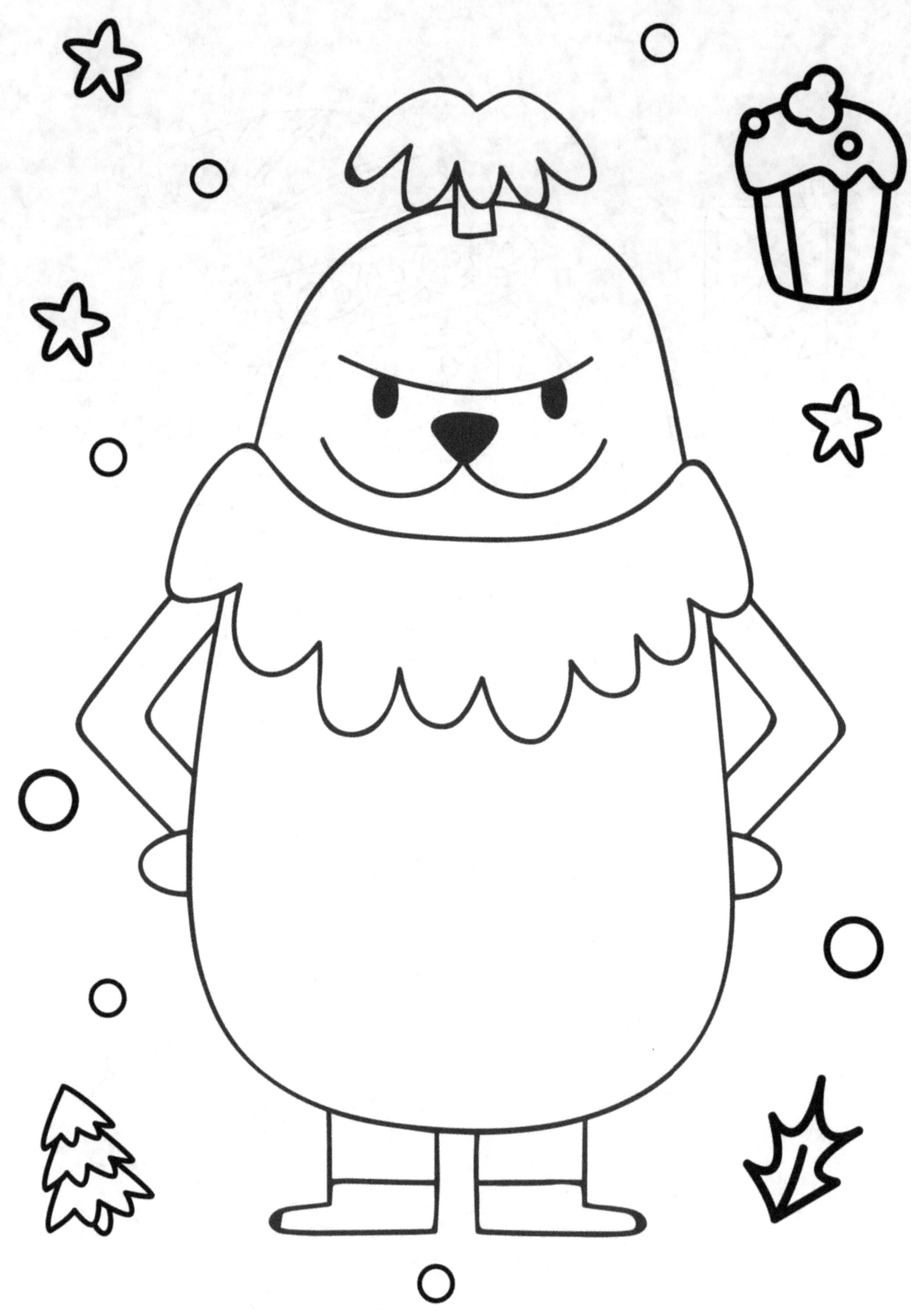

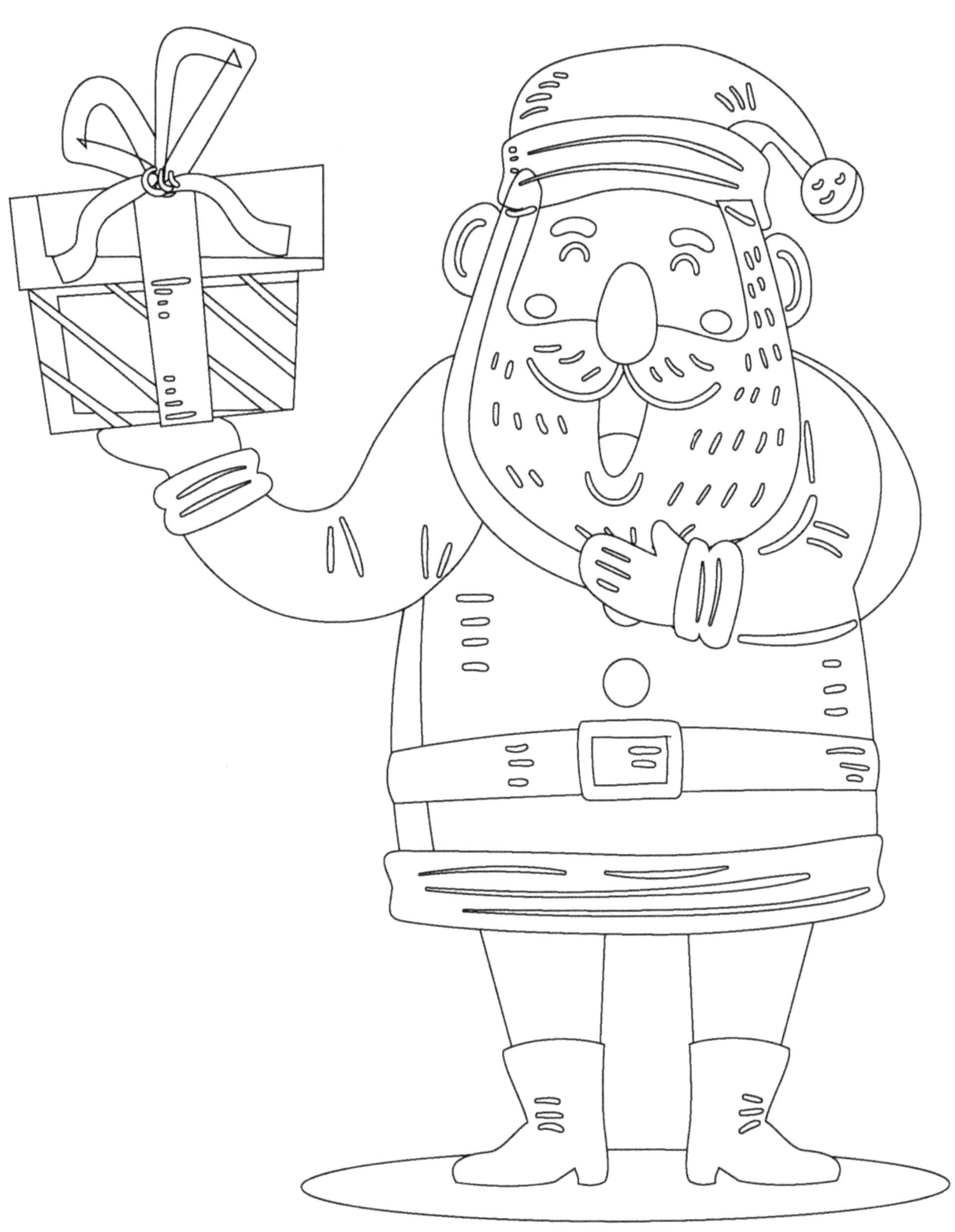

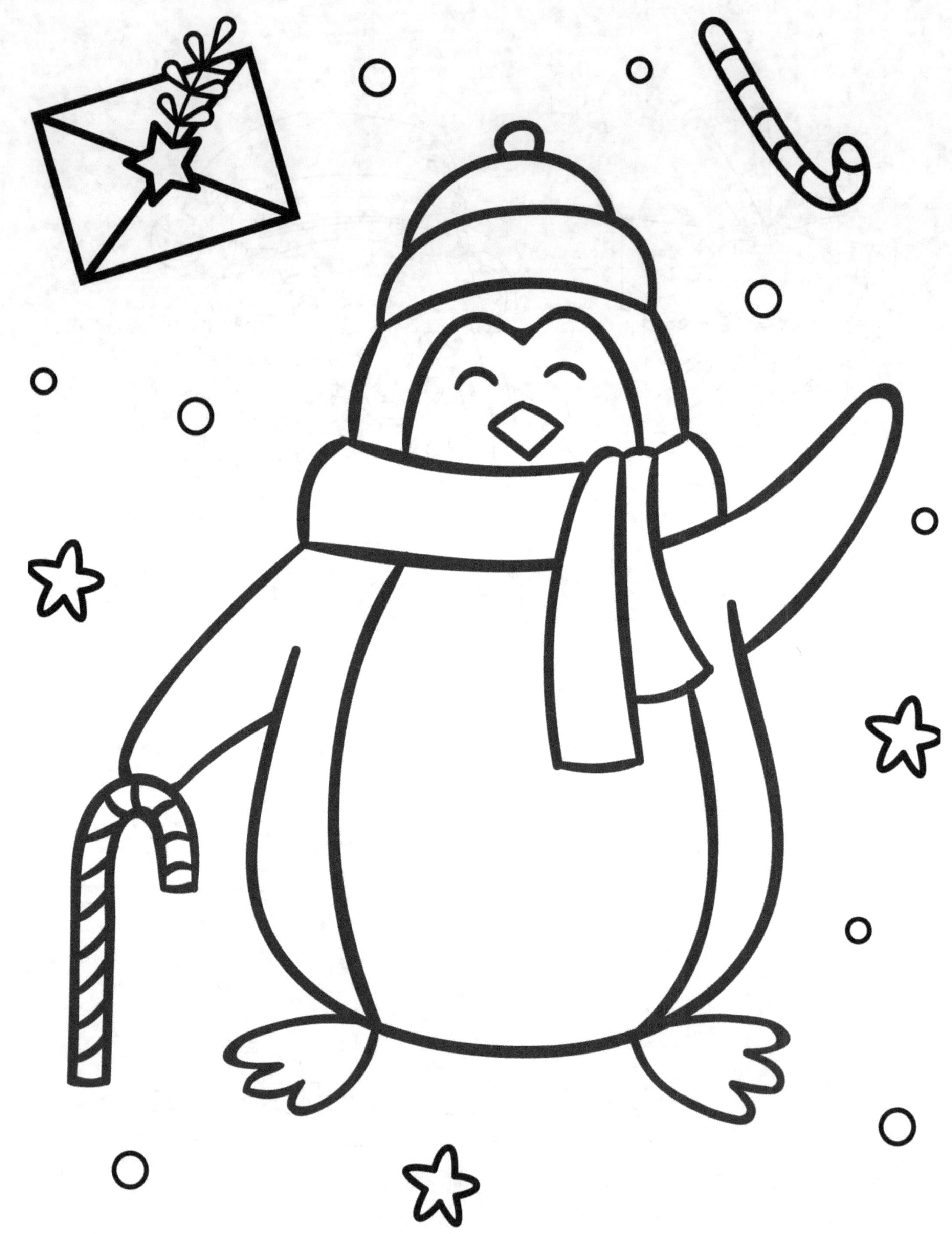

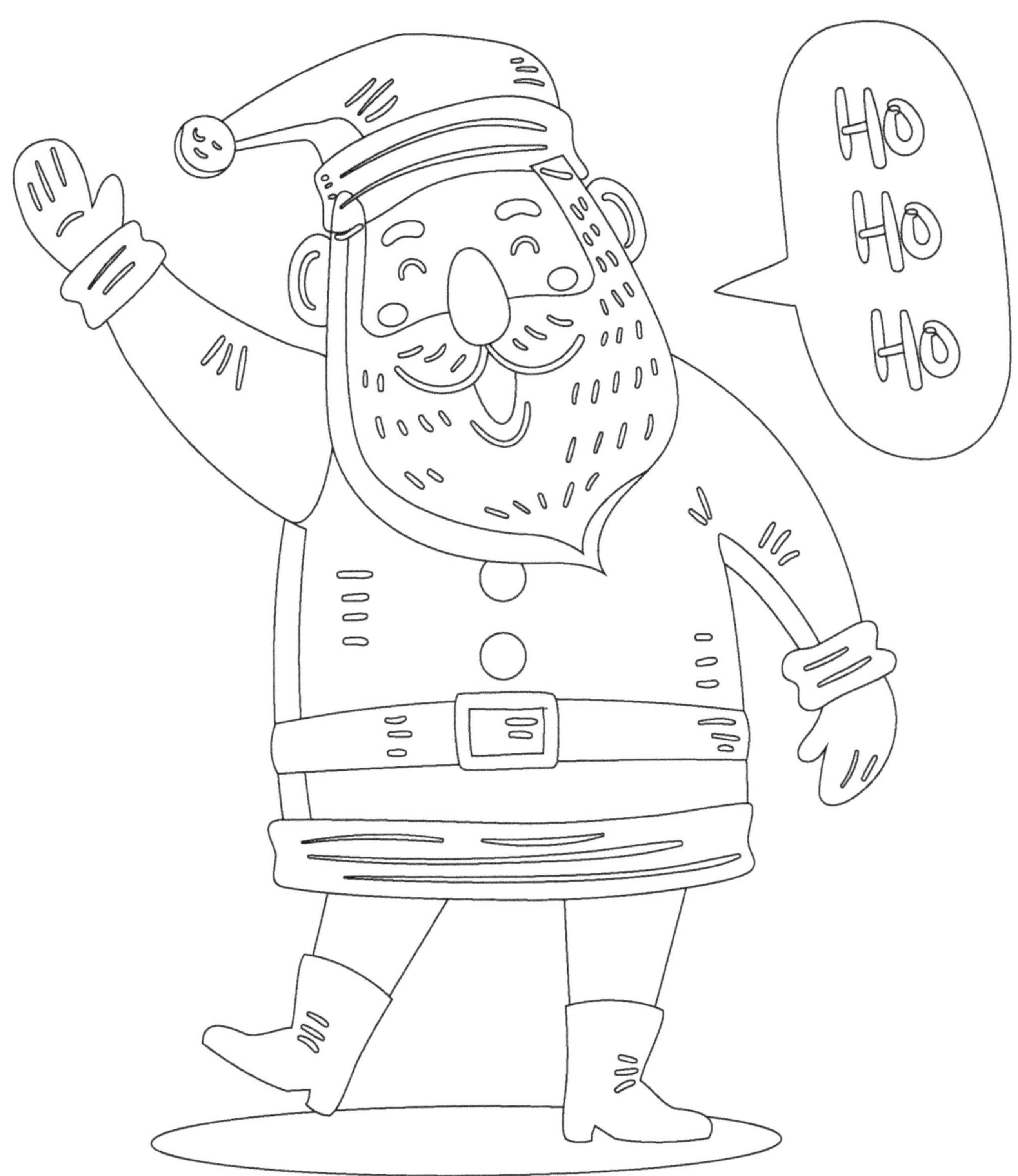

HO
HO
HO

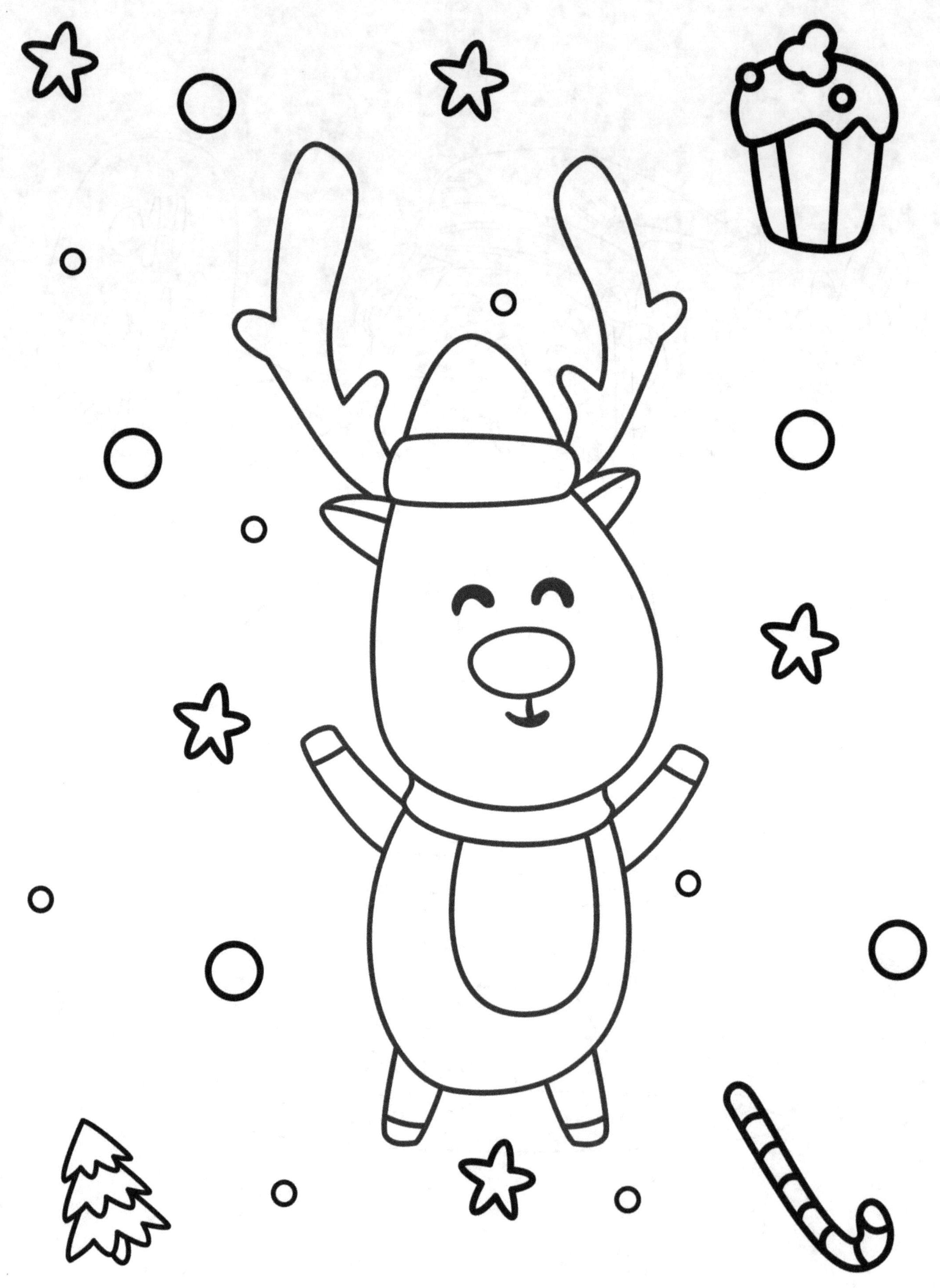

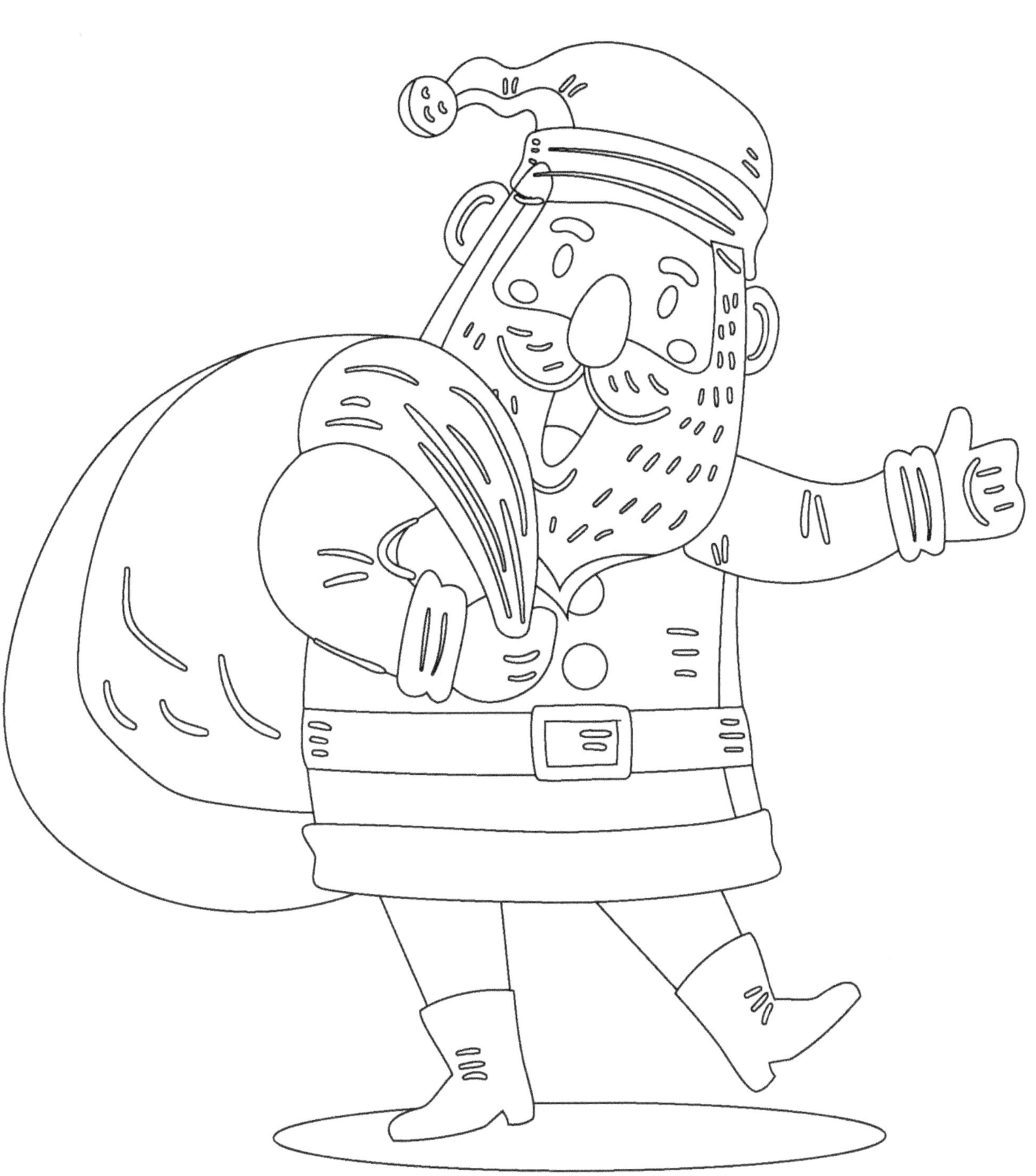

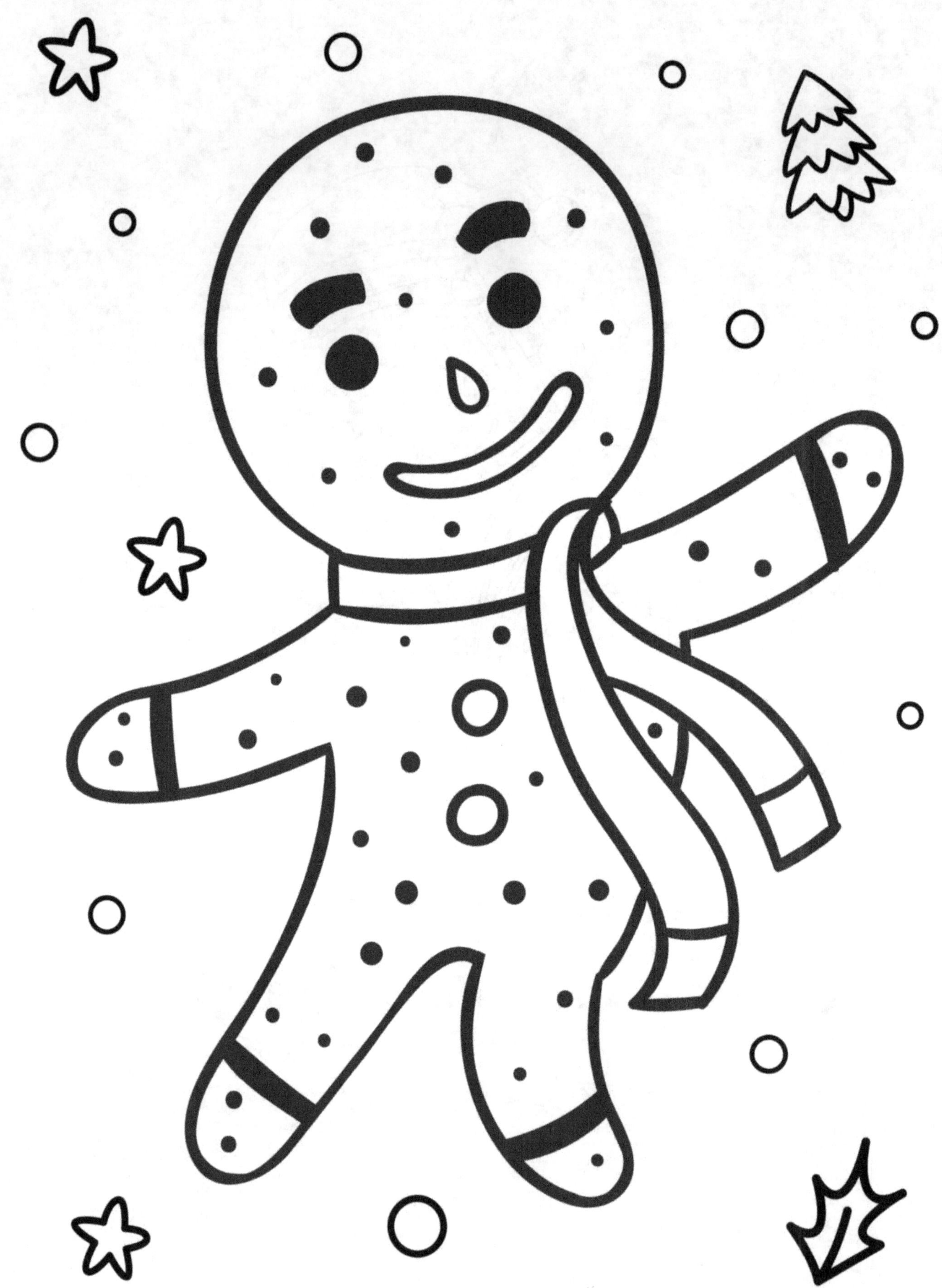

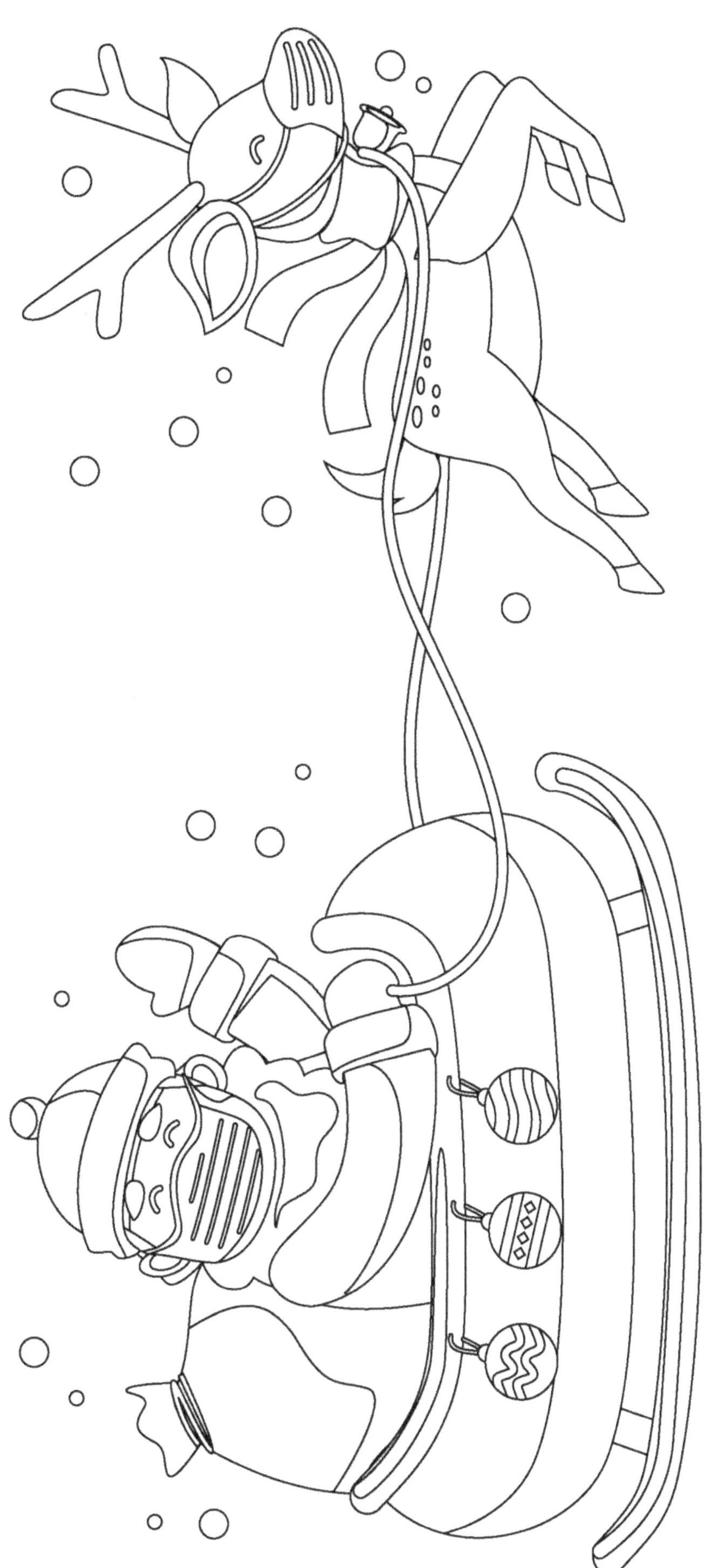

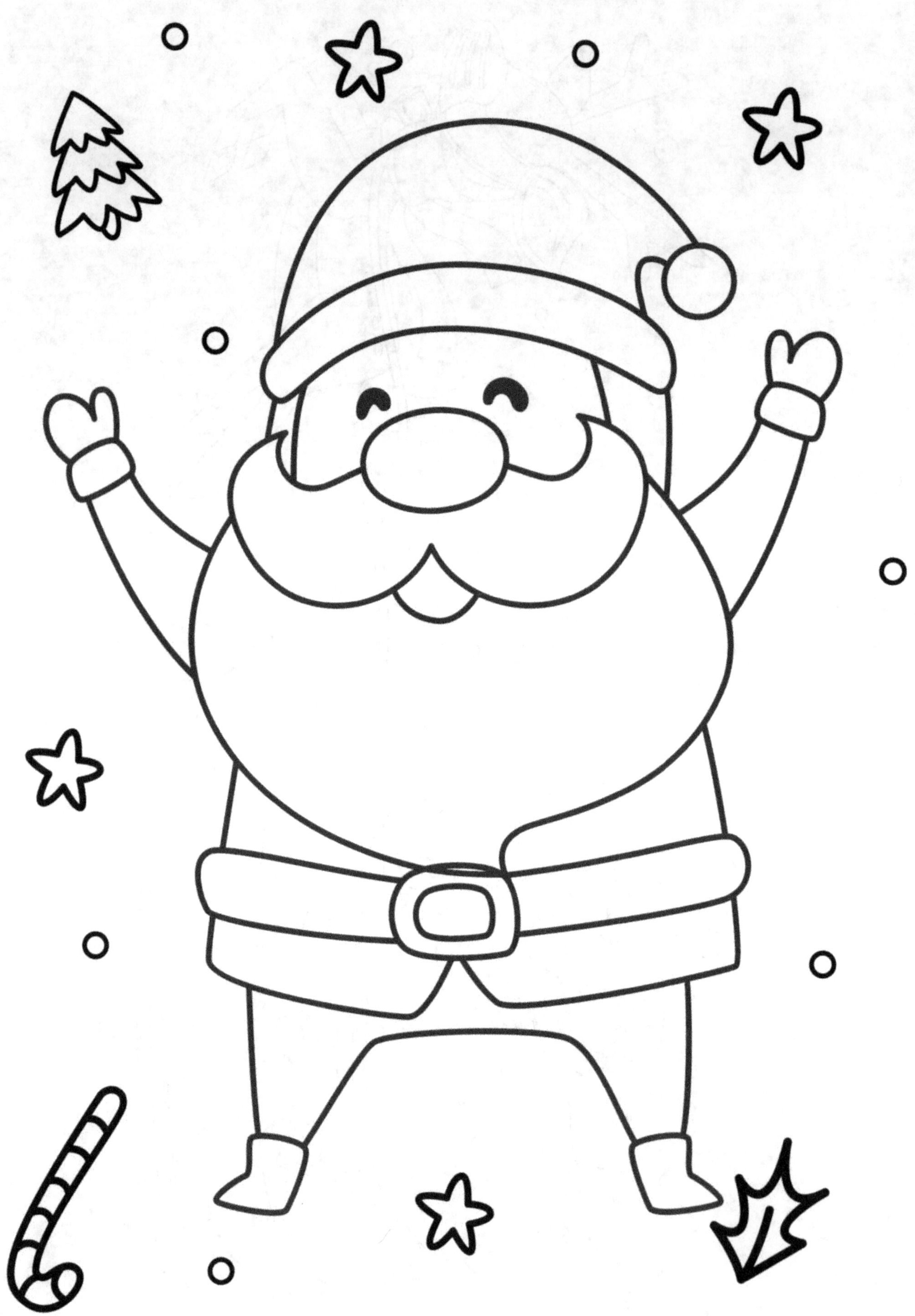

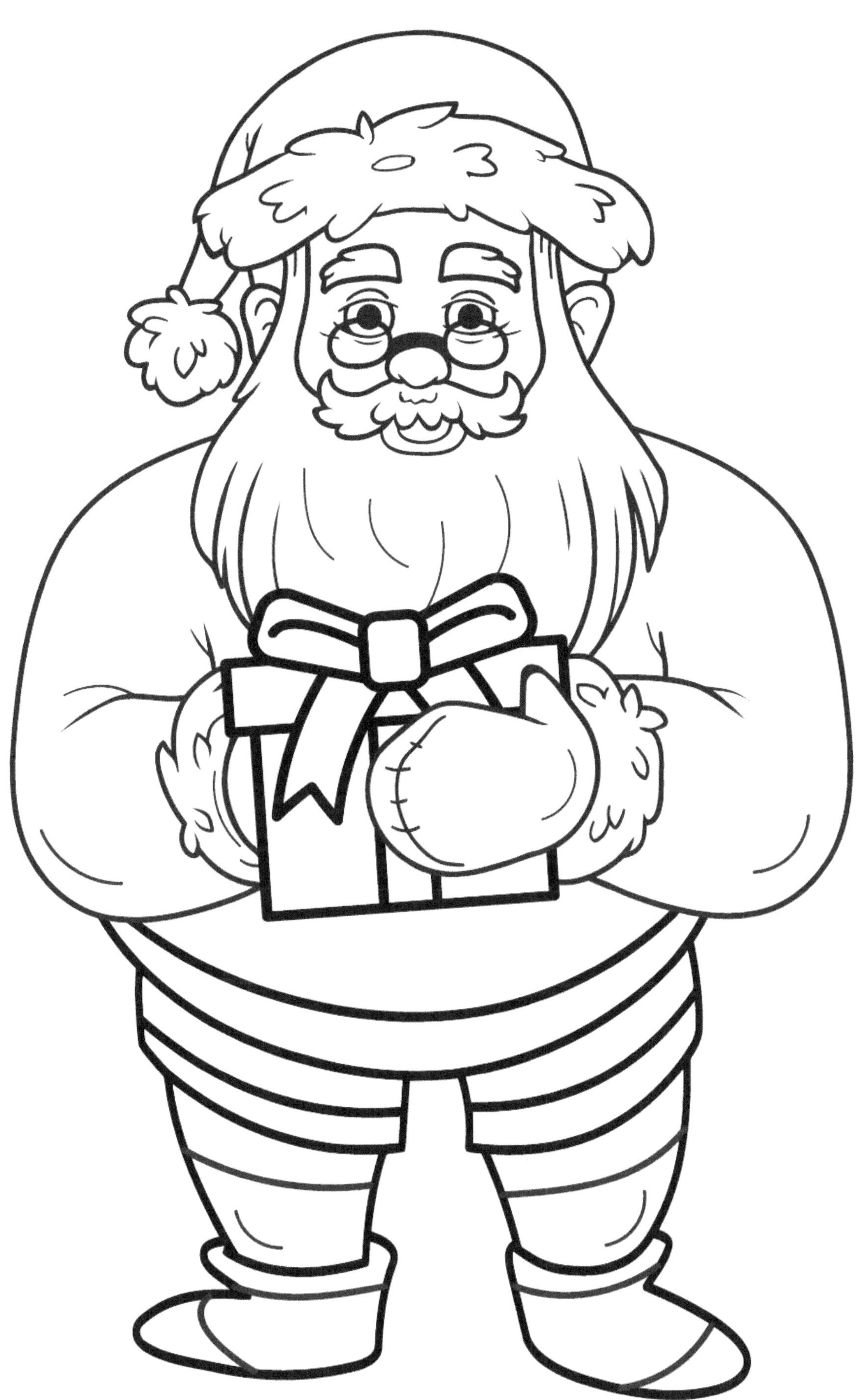

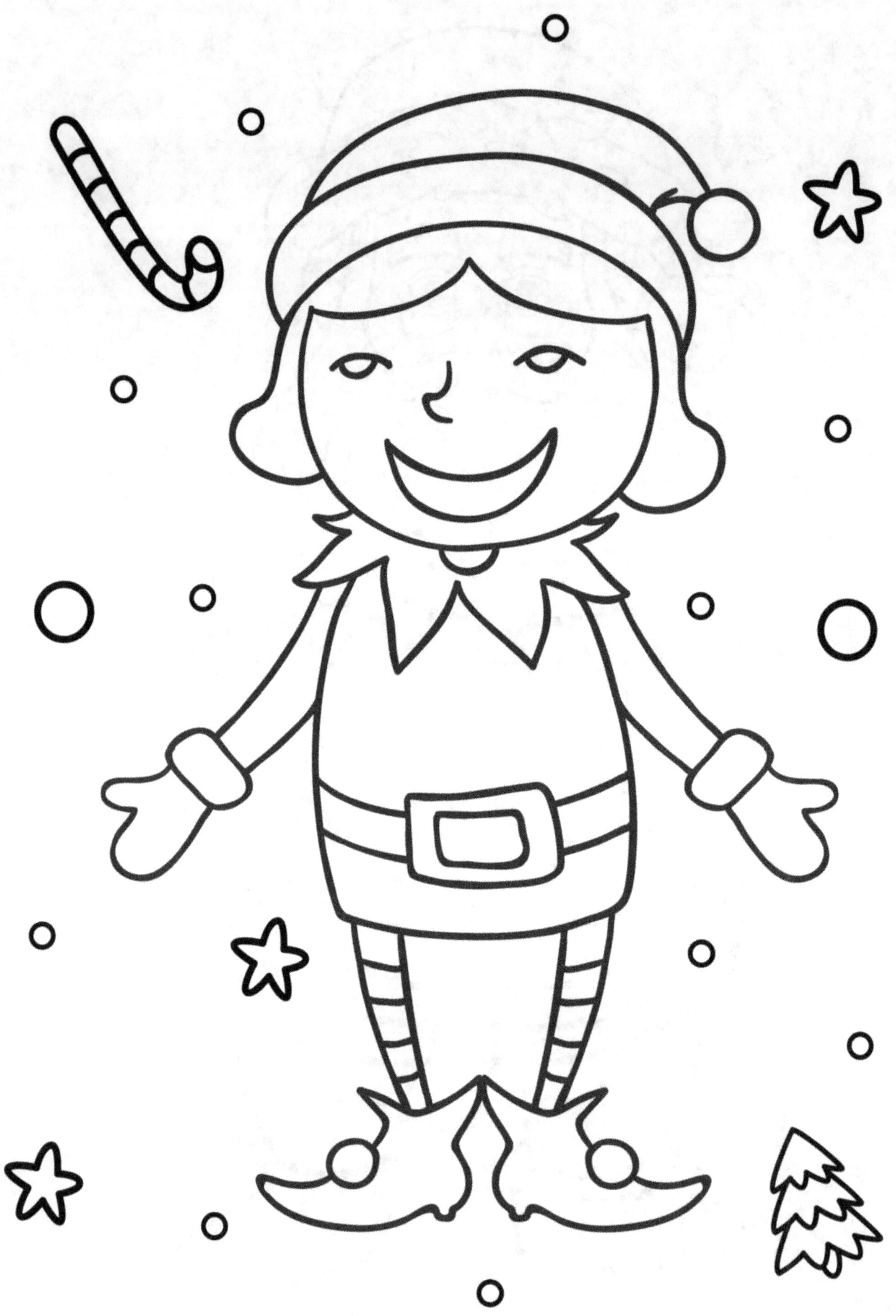

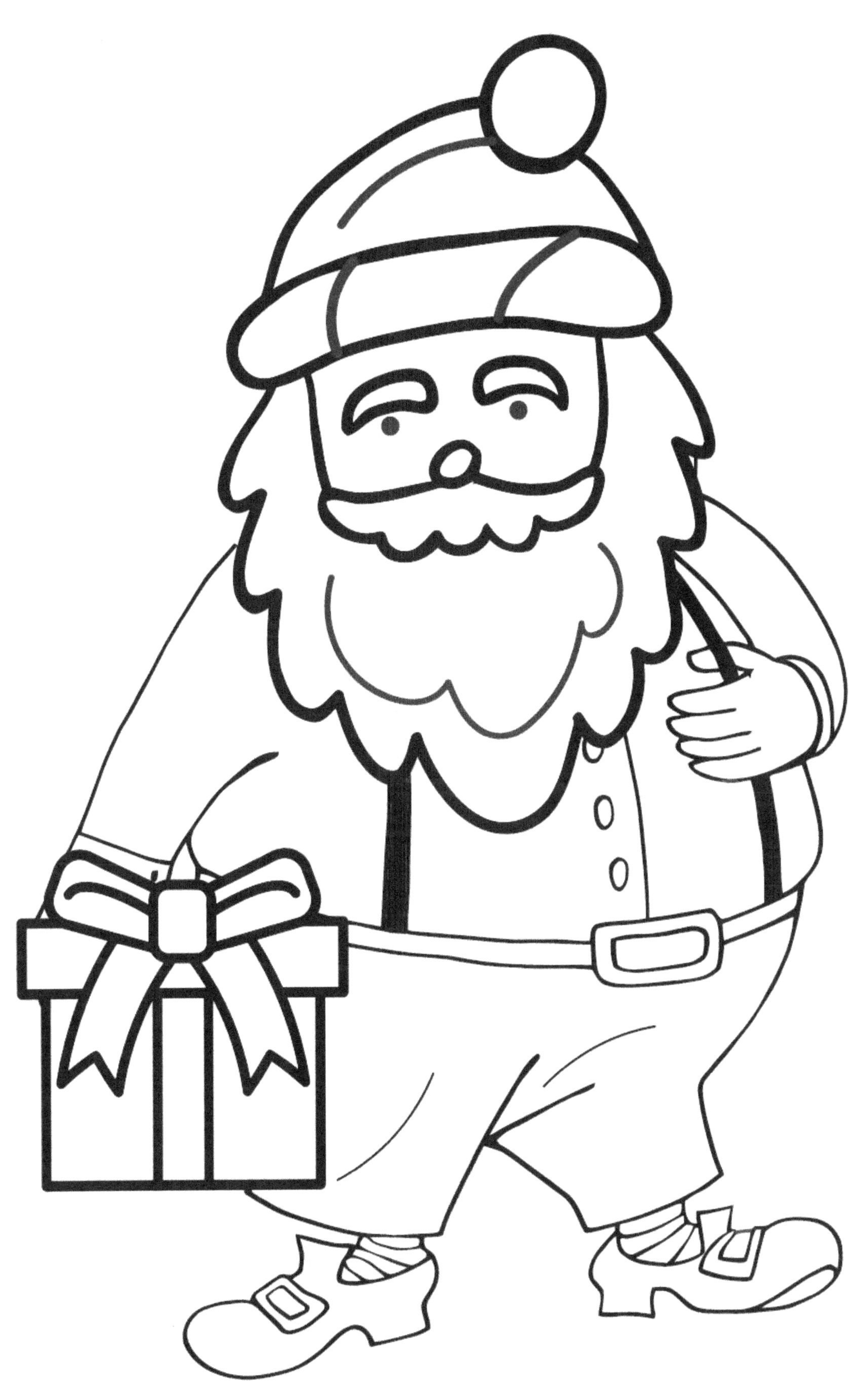

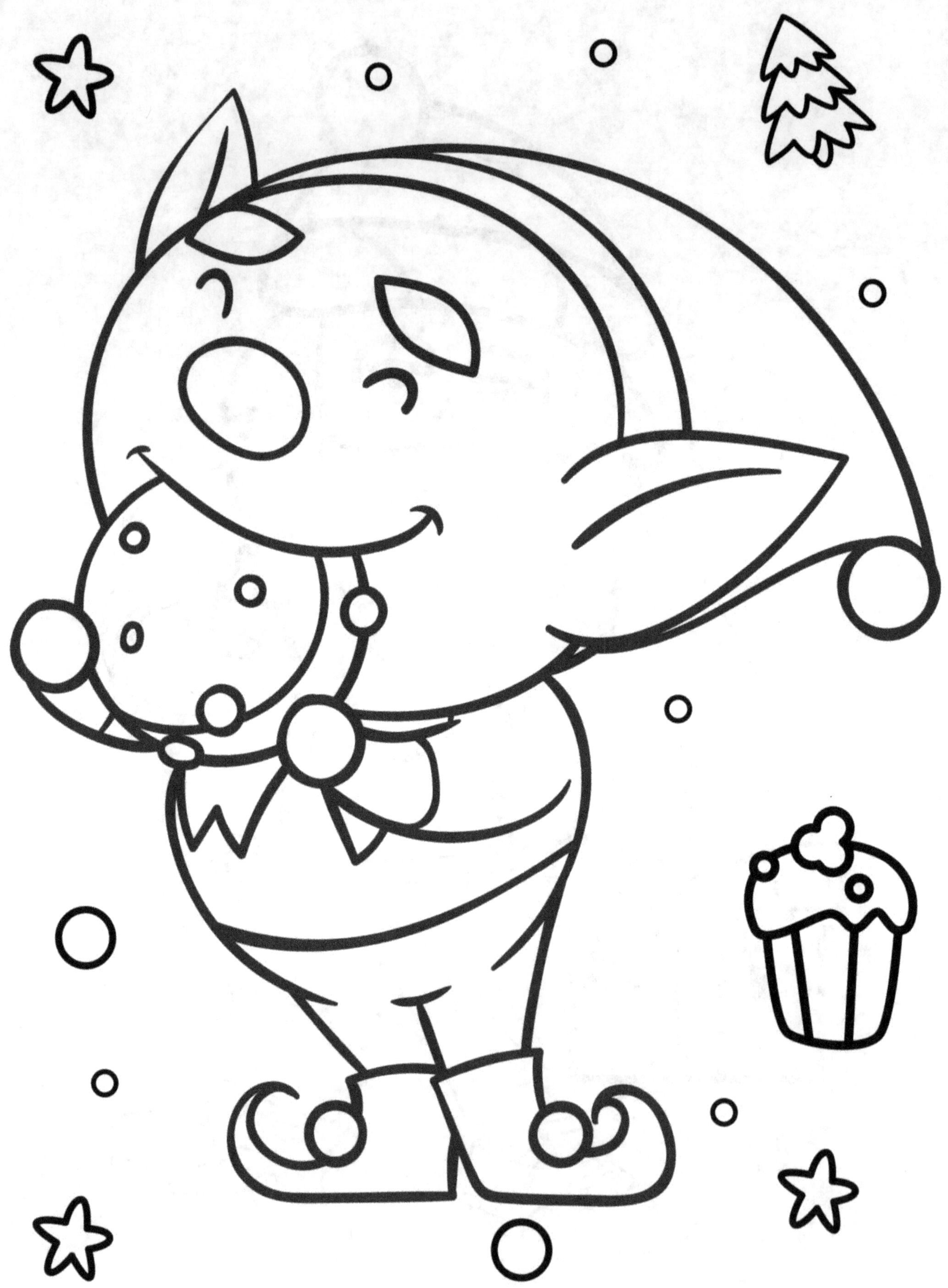

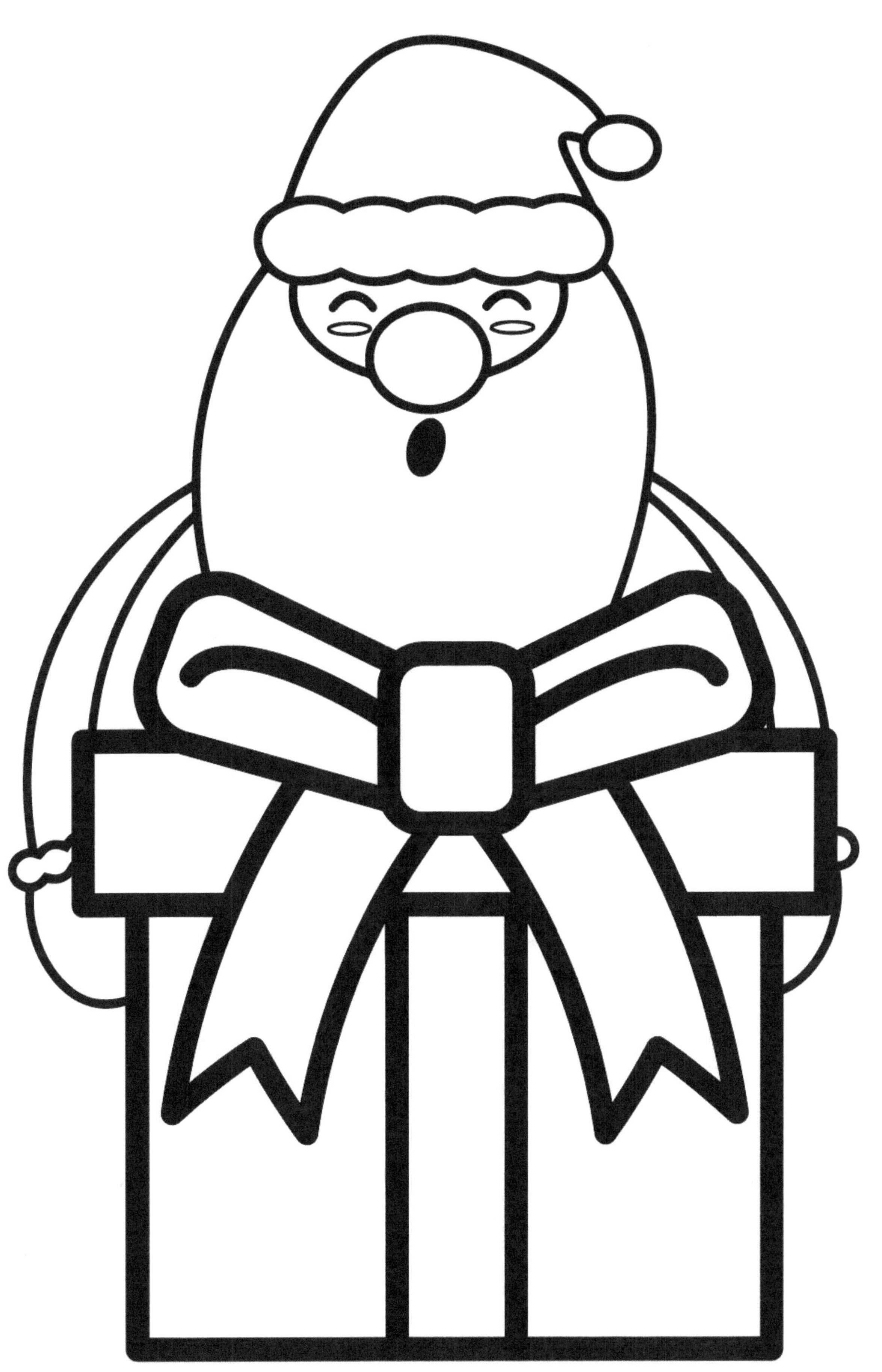

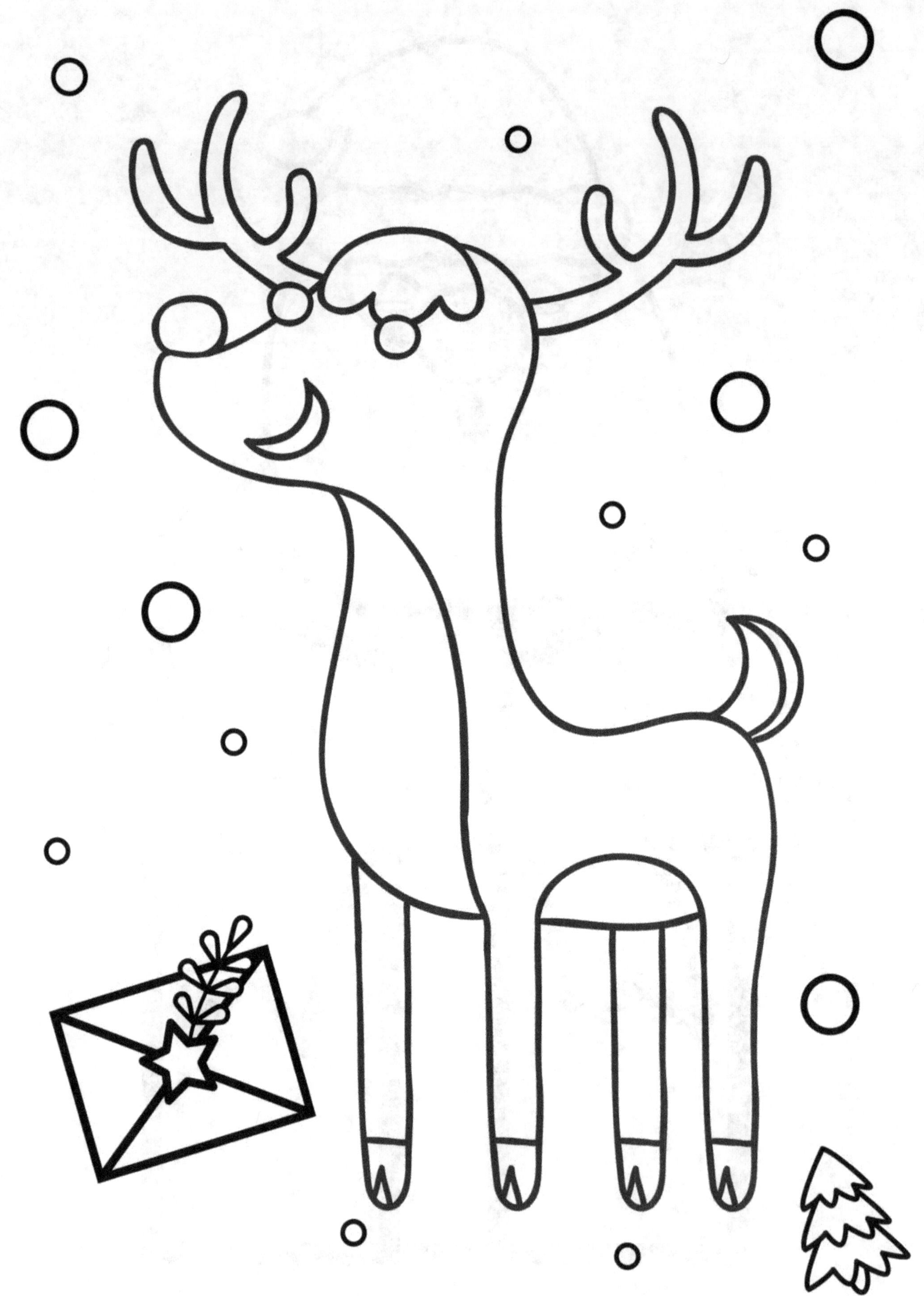

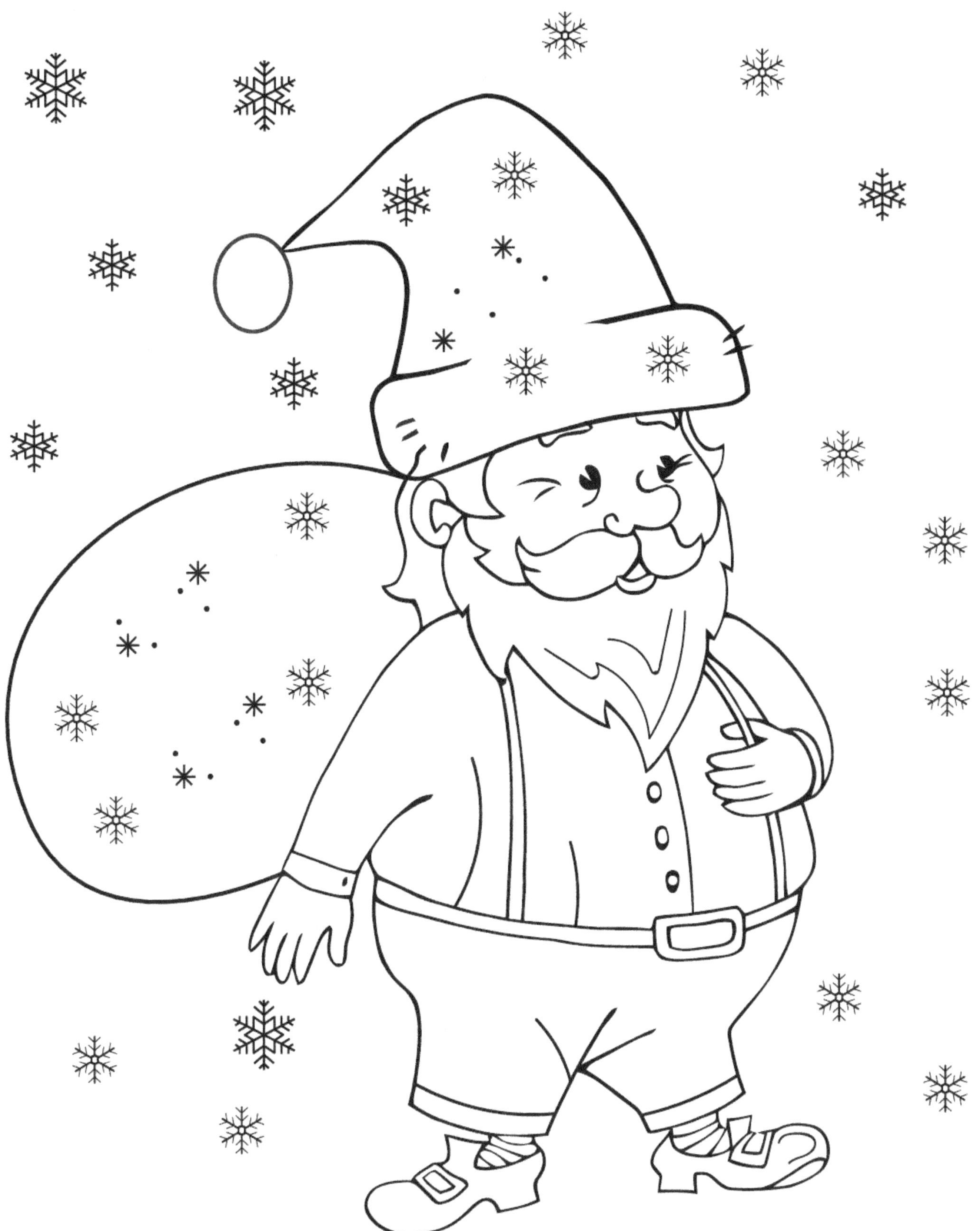

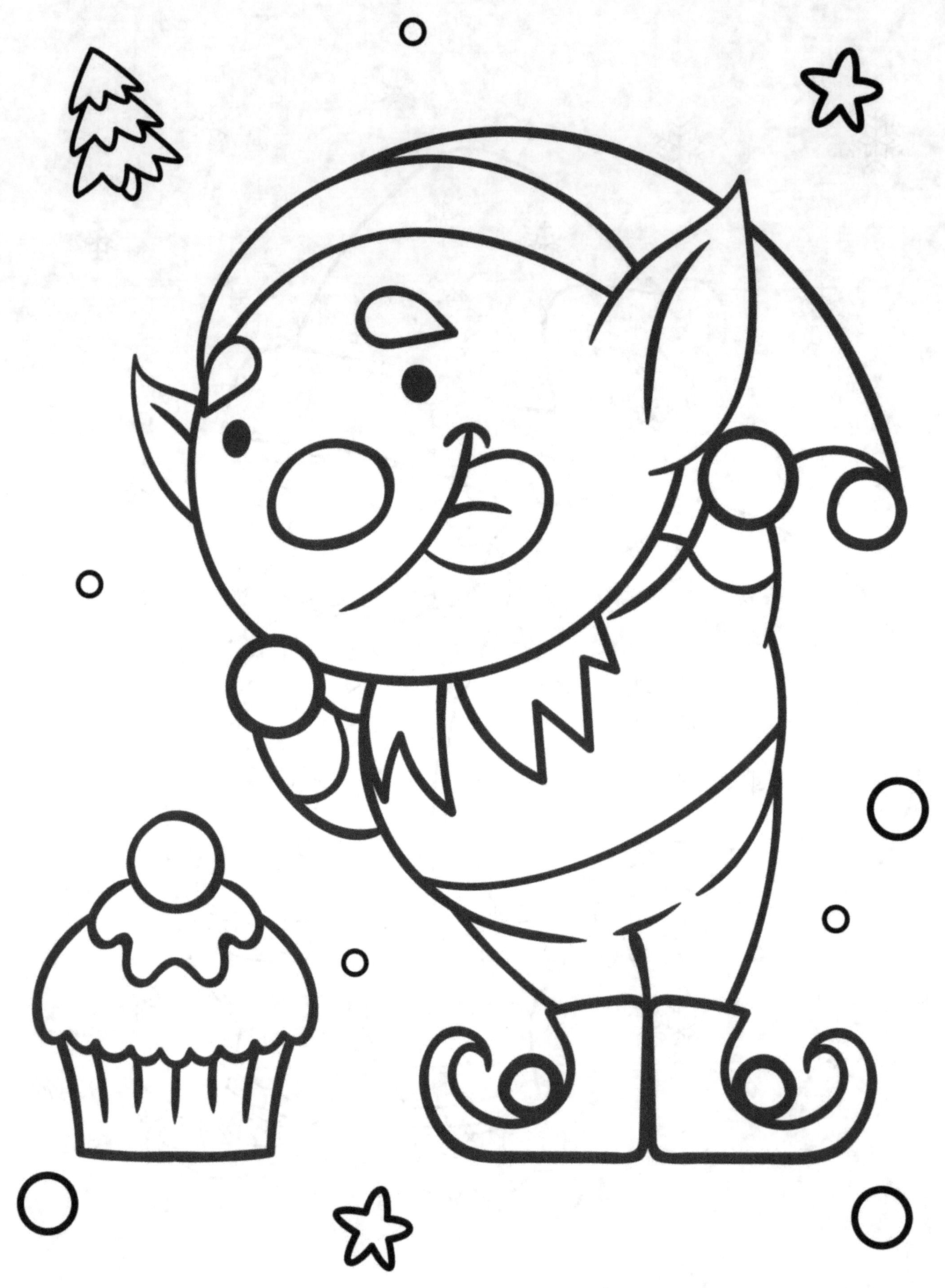

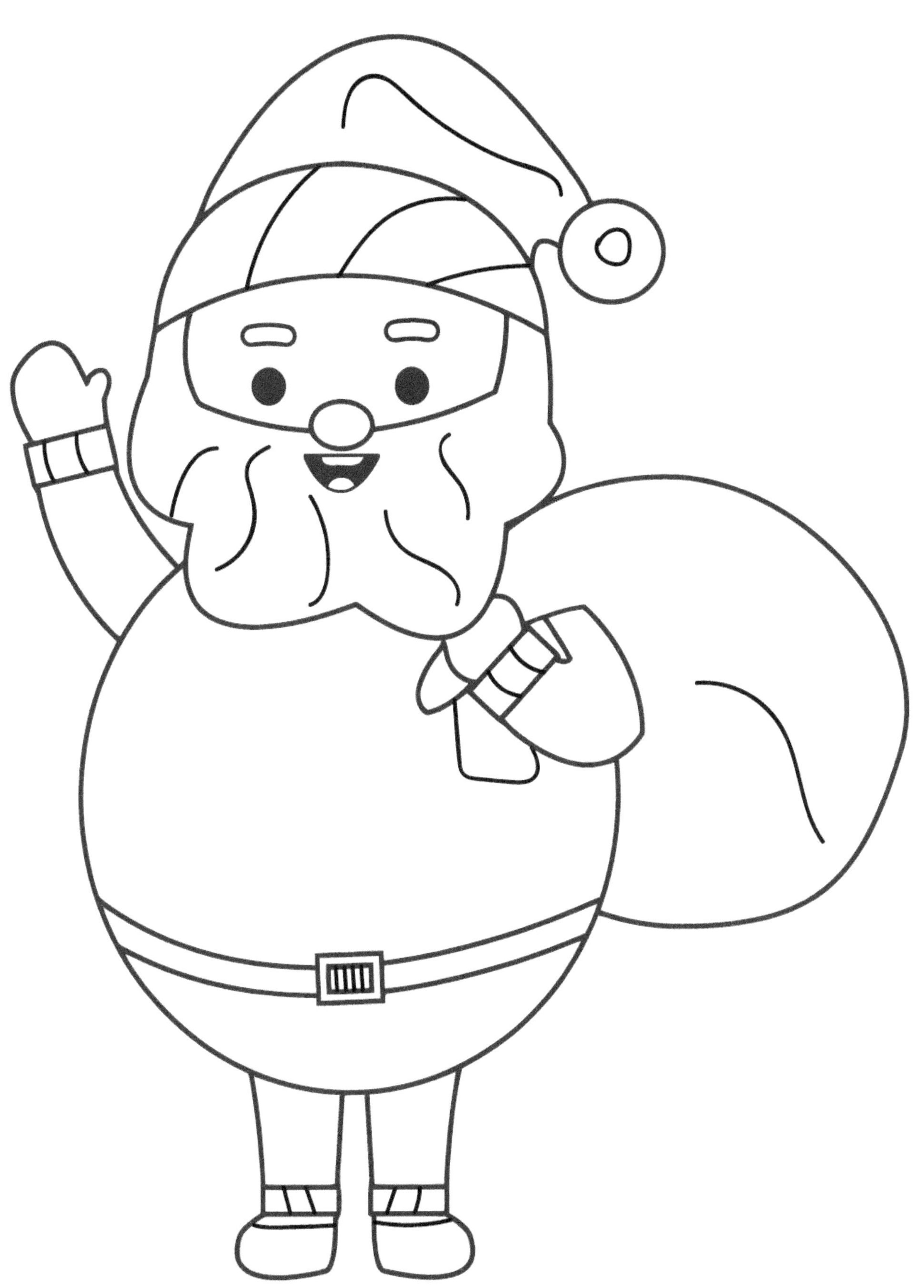

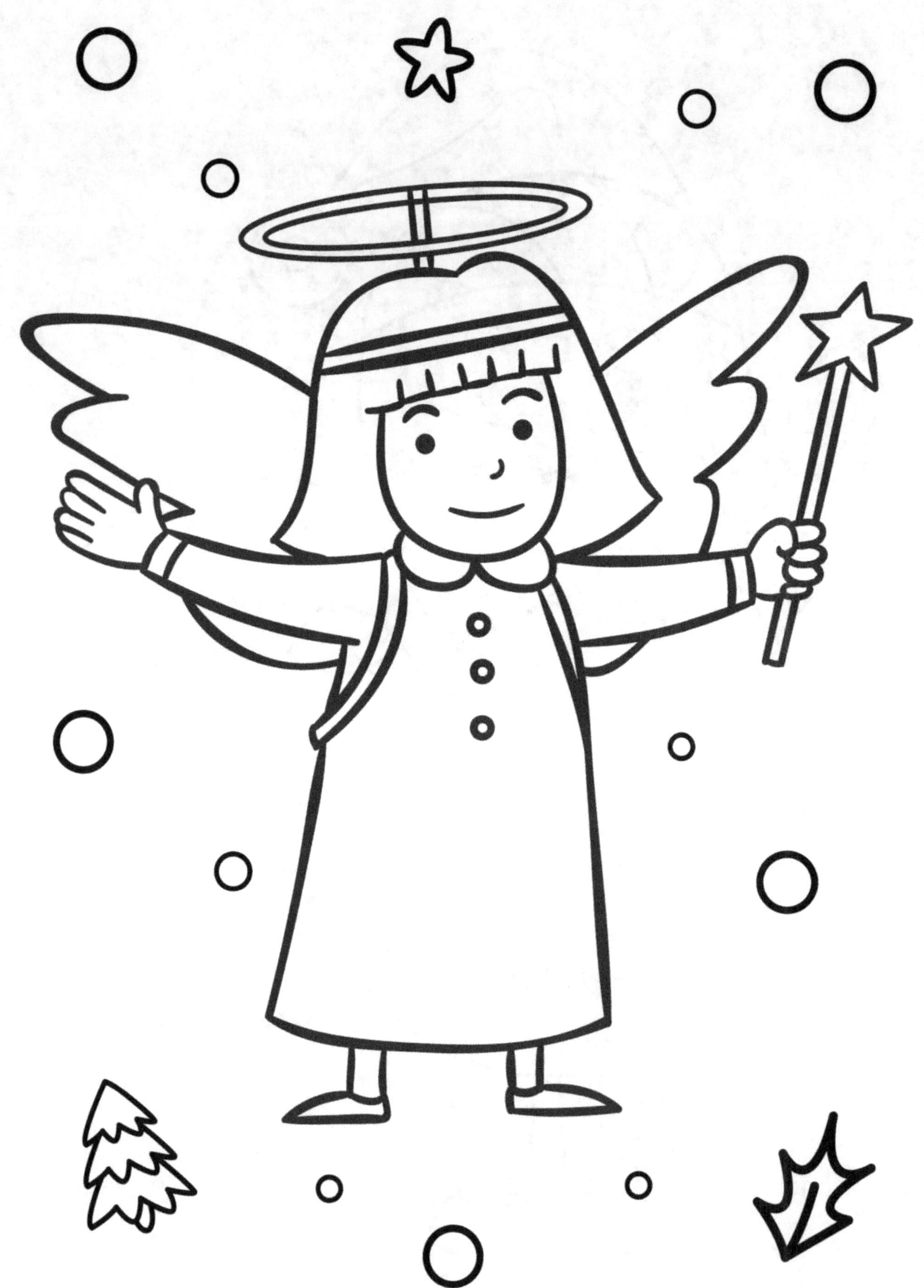

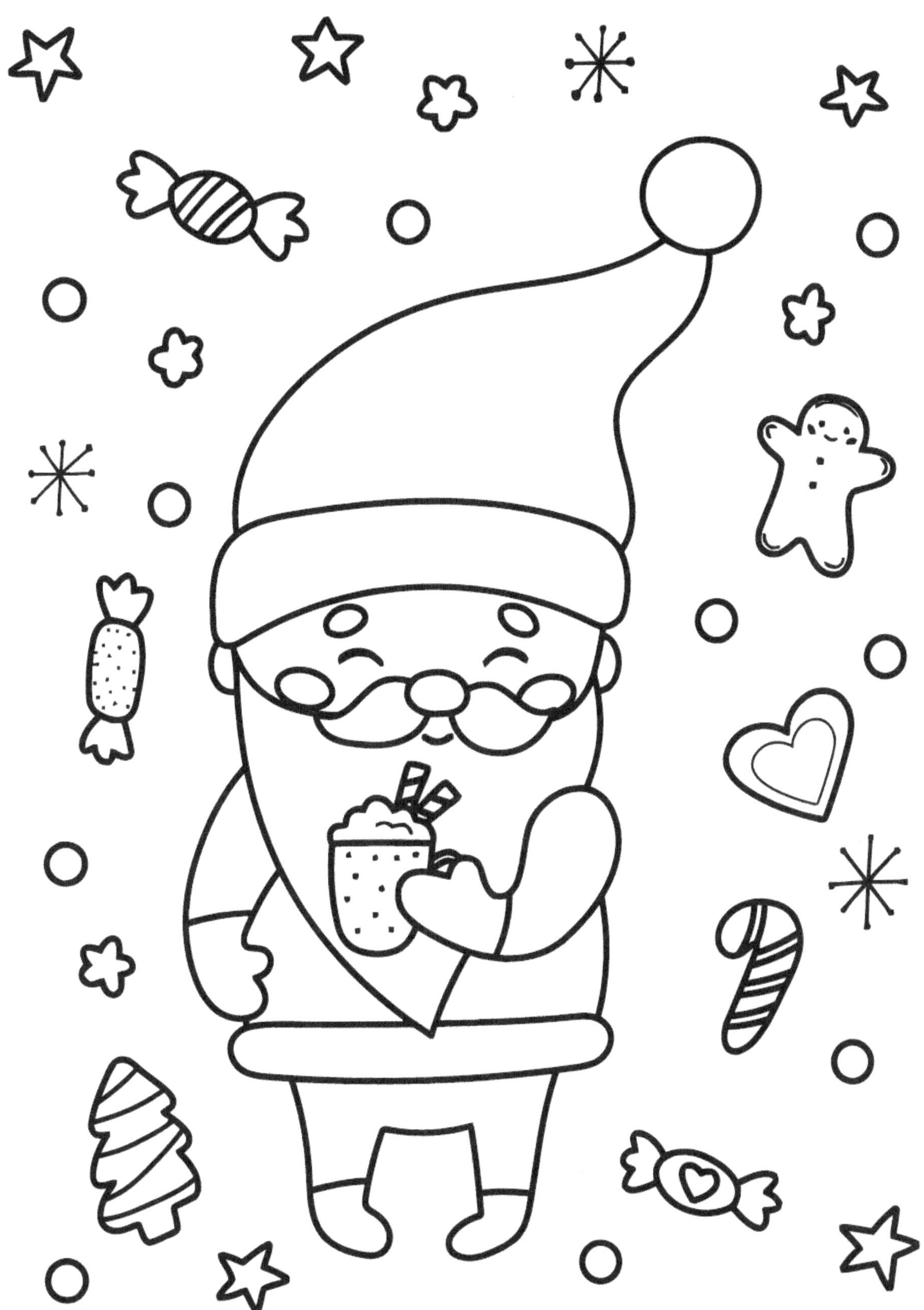

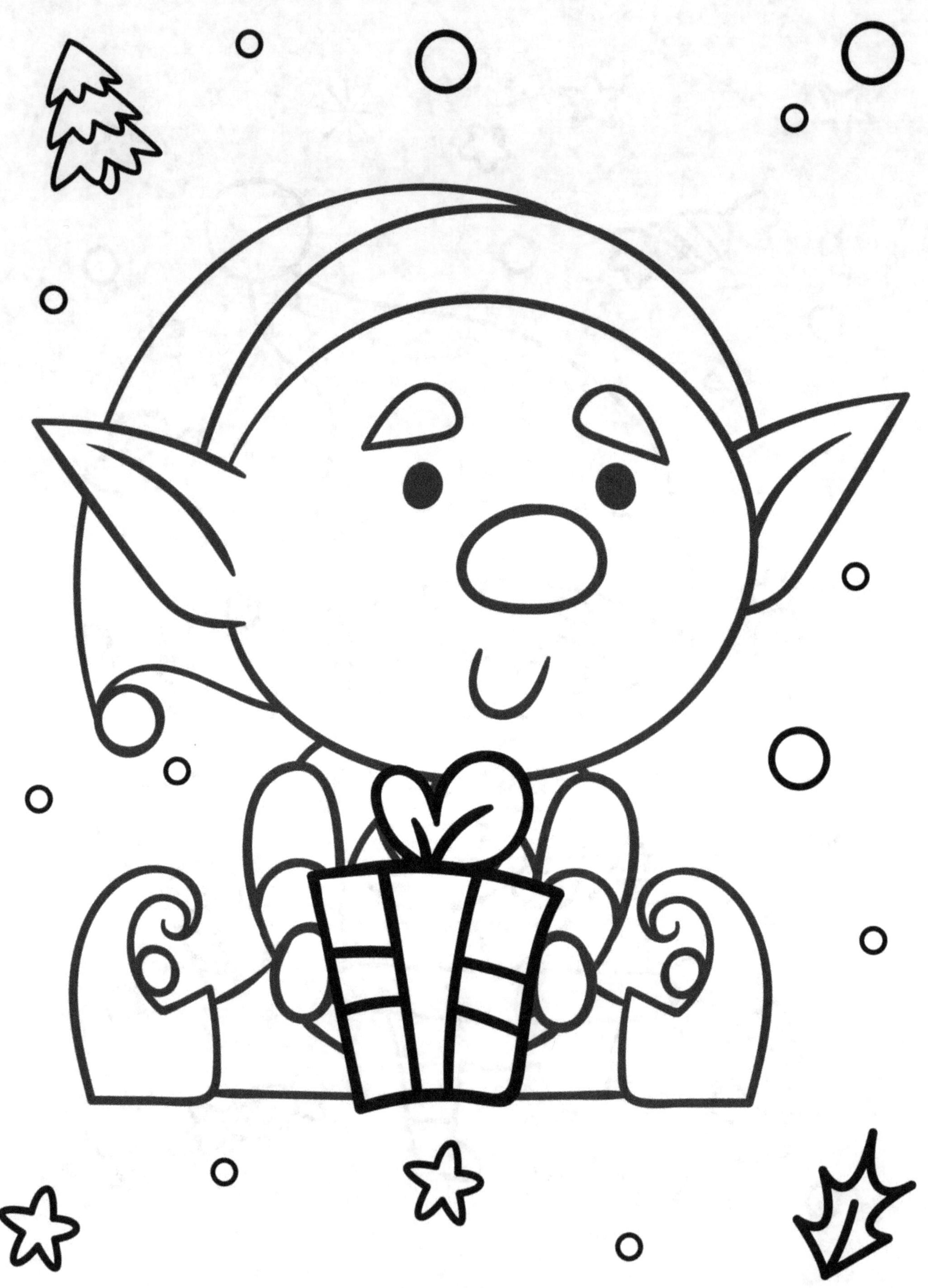

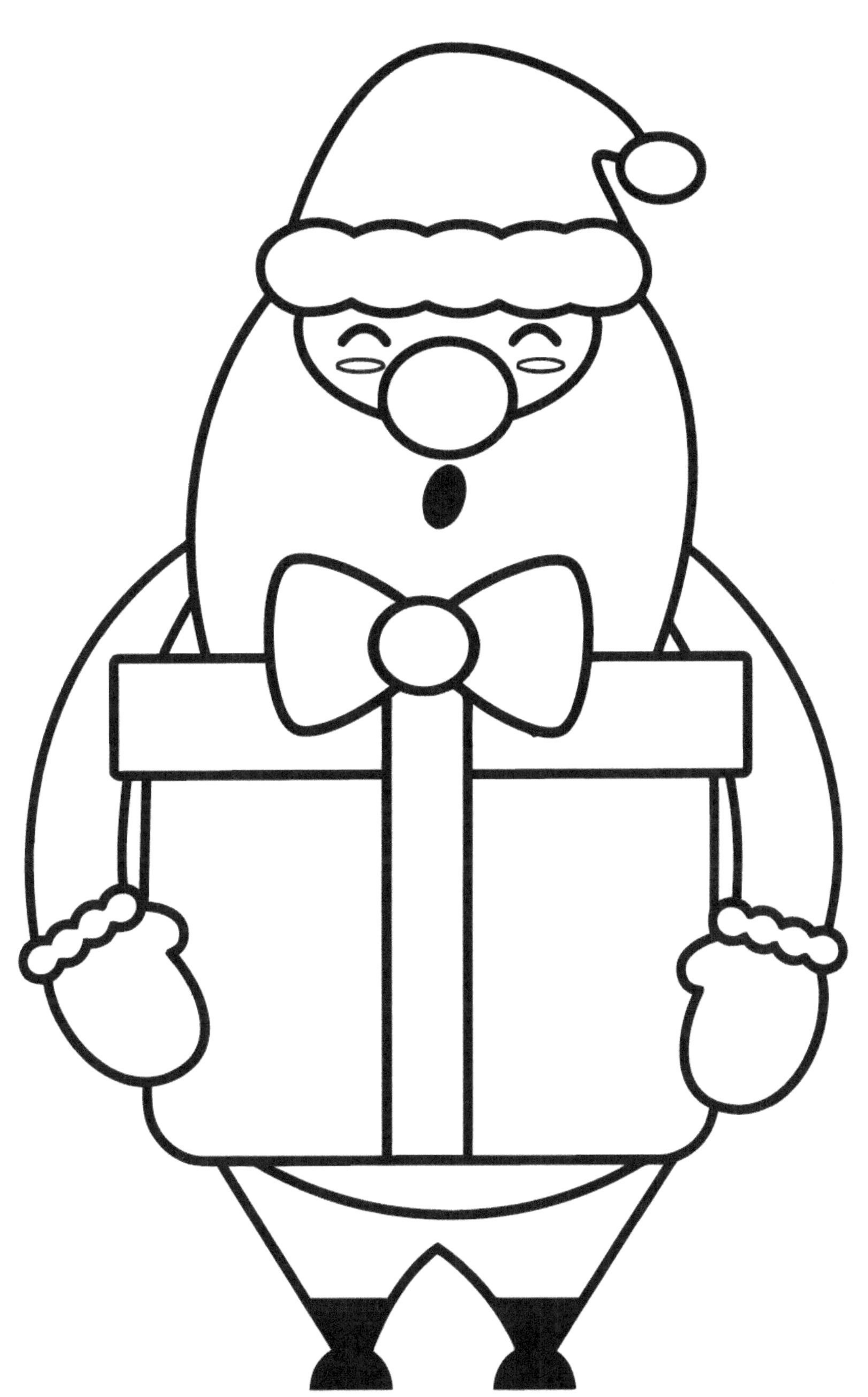

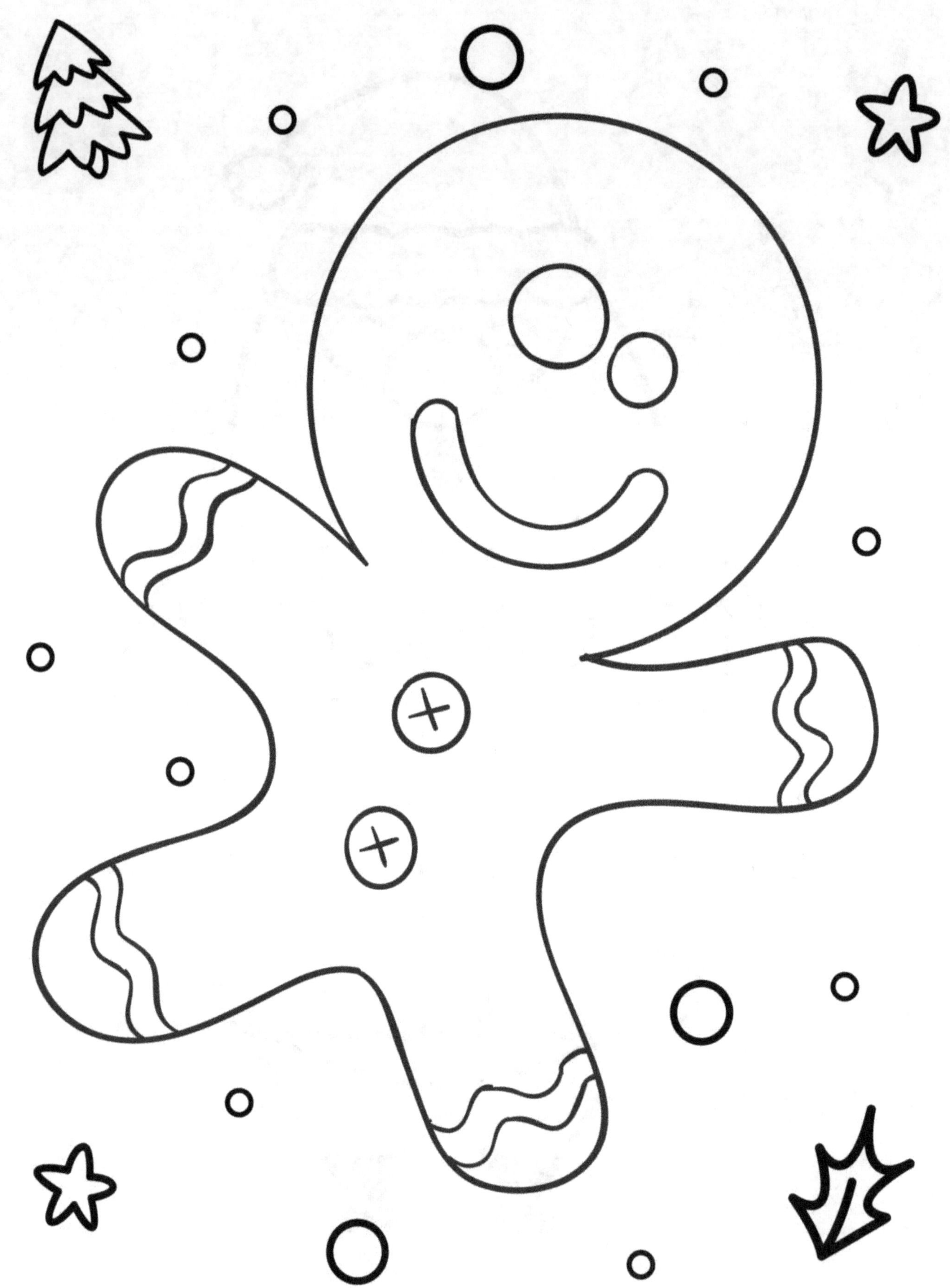

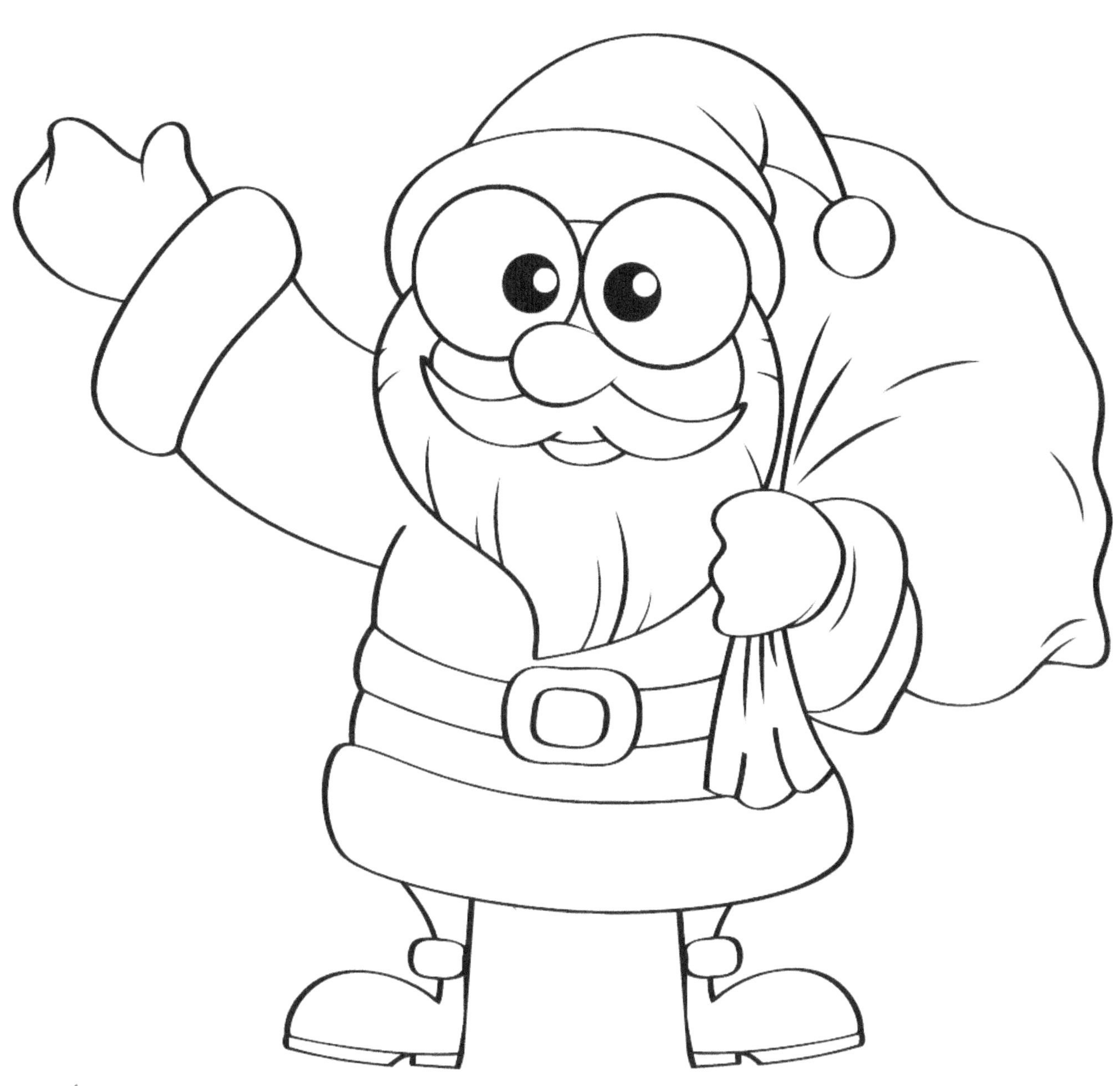

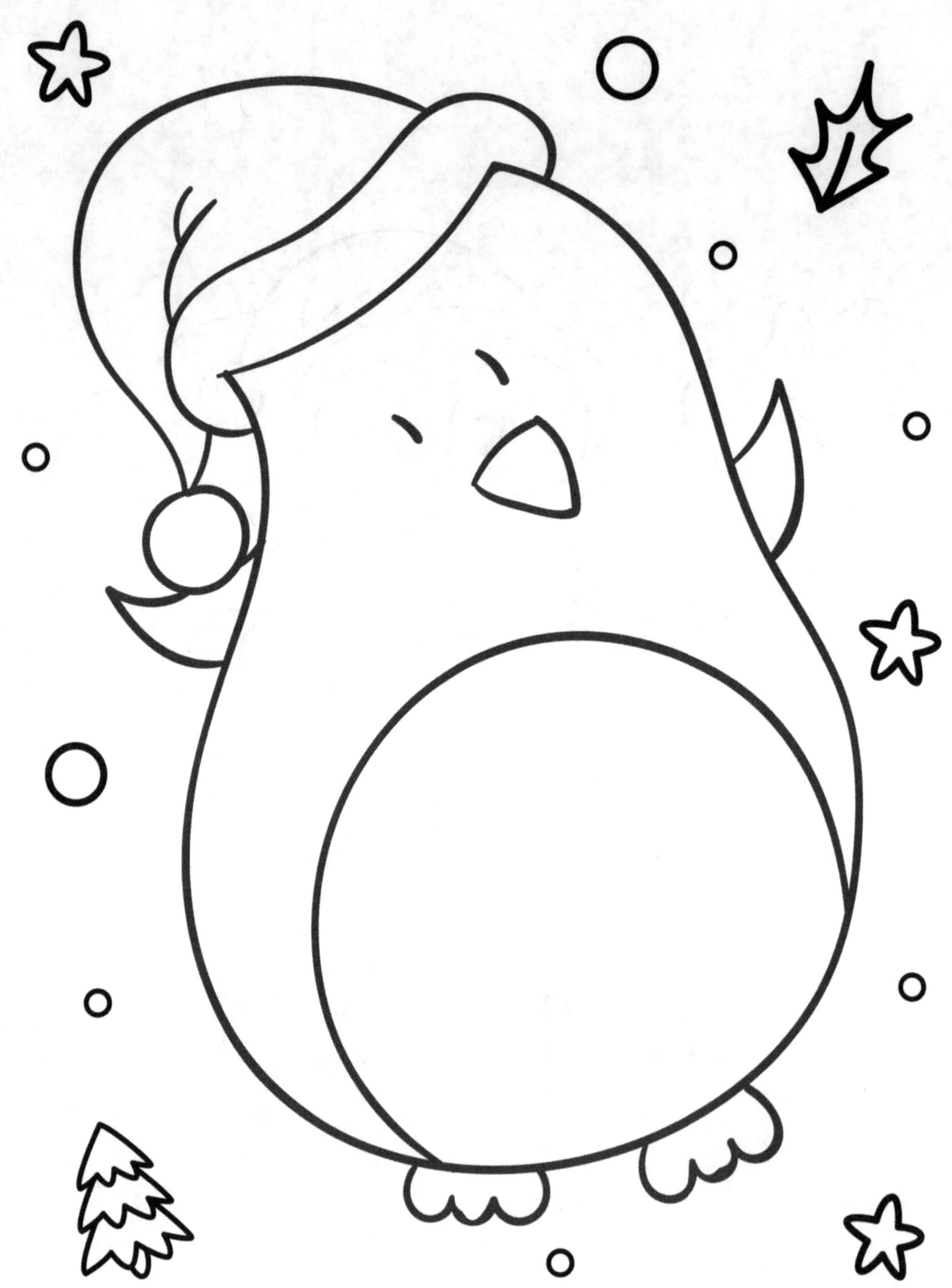

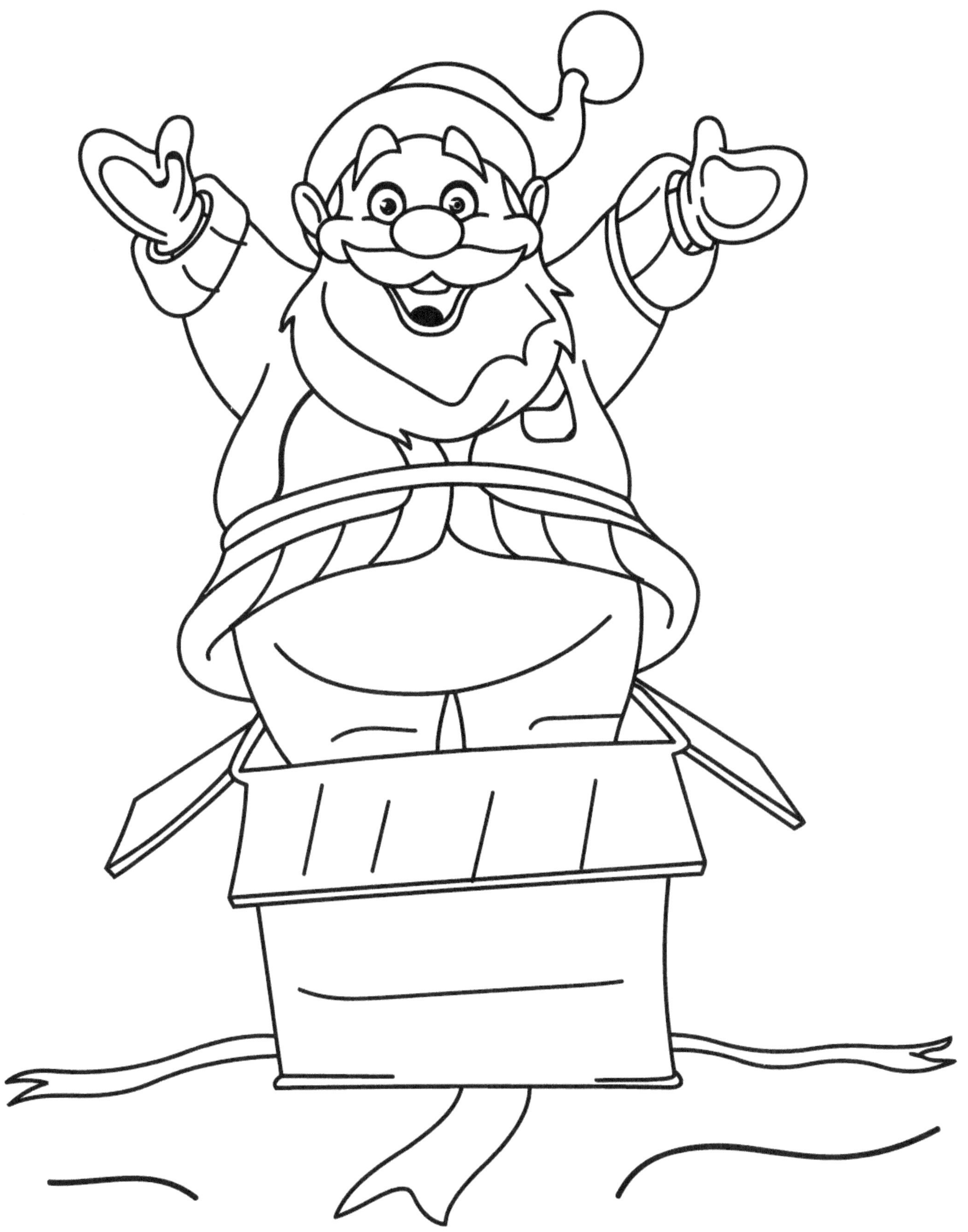

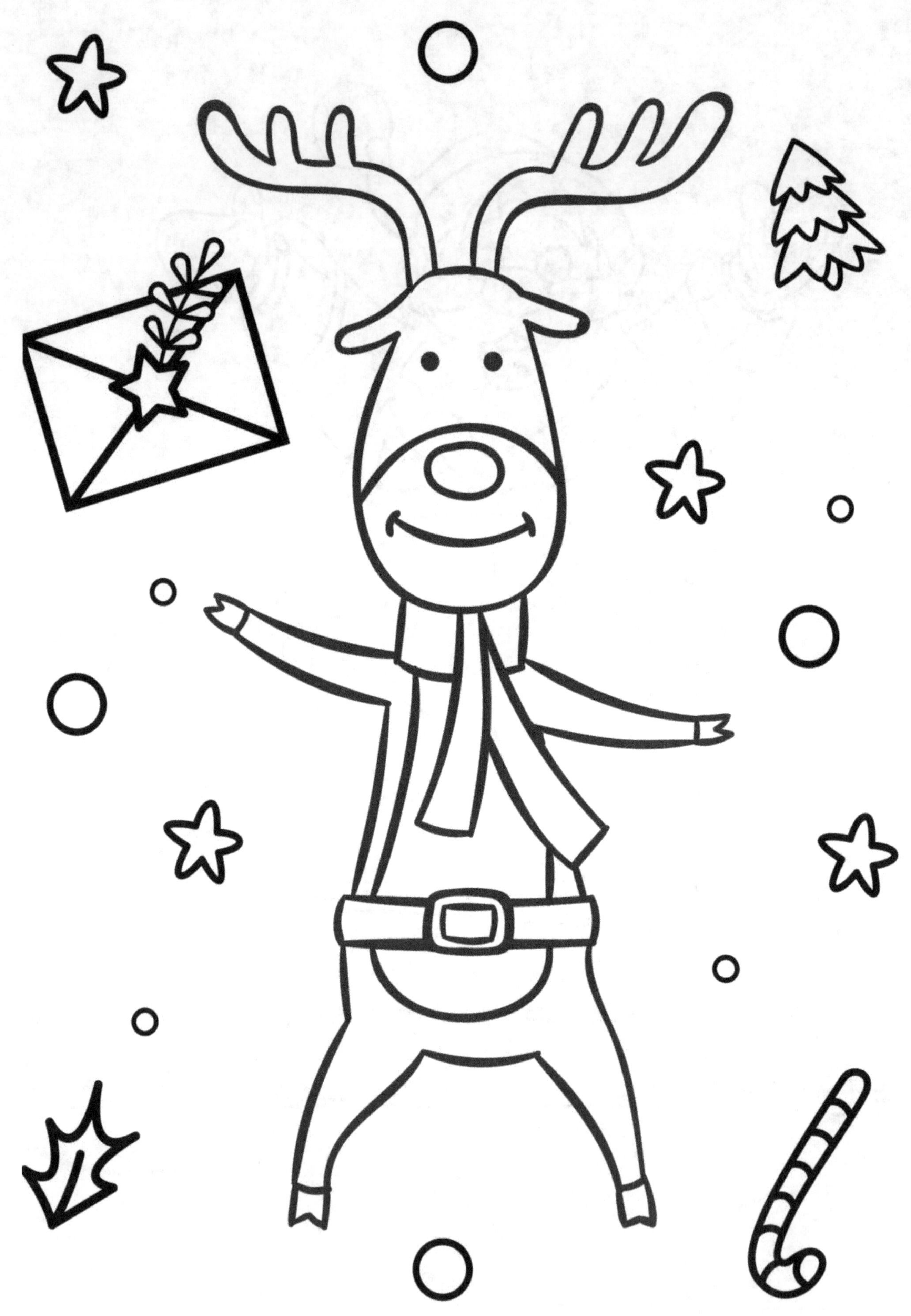

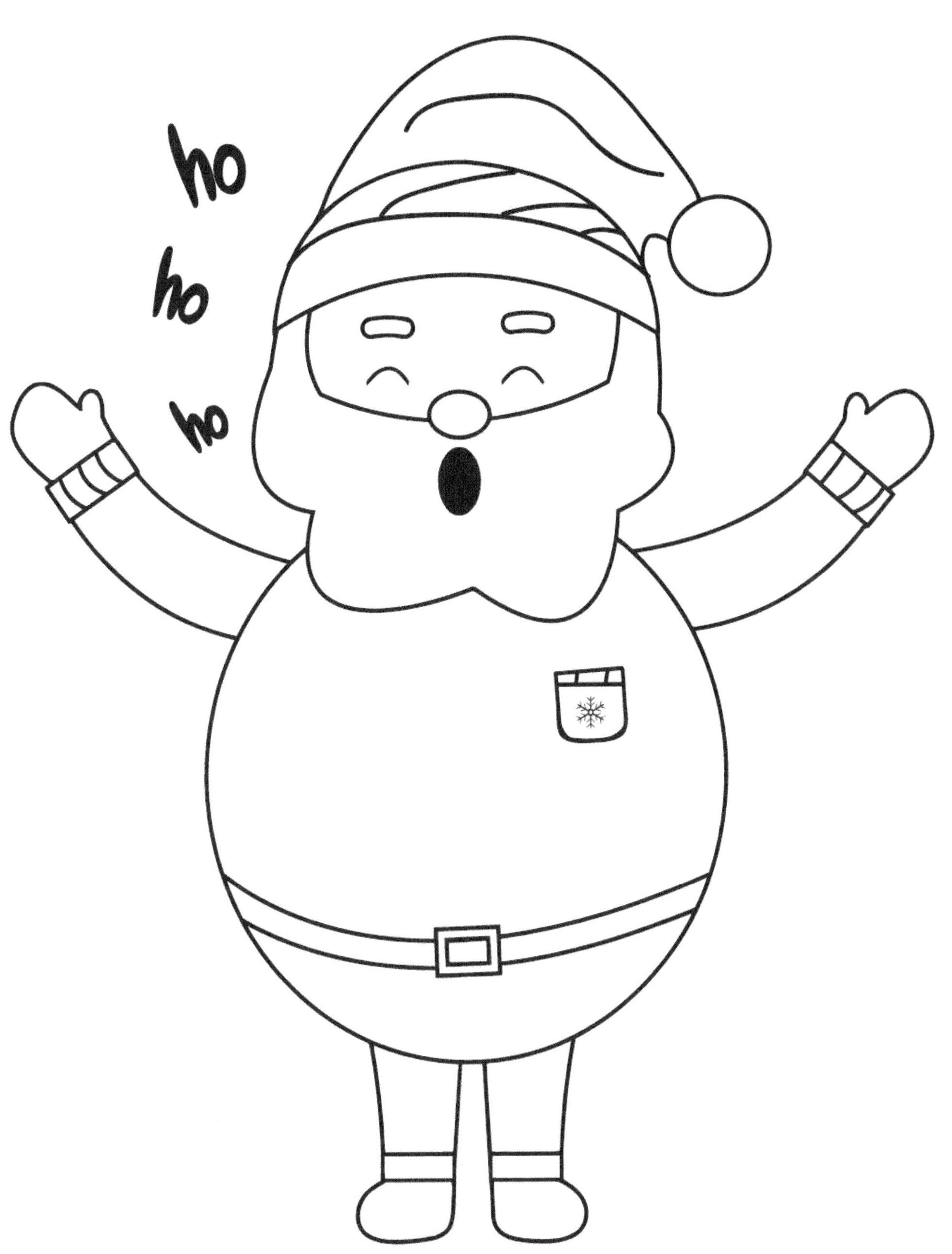
ho
ho
ho

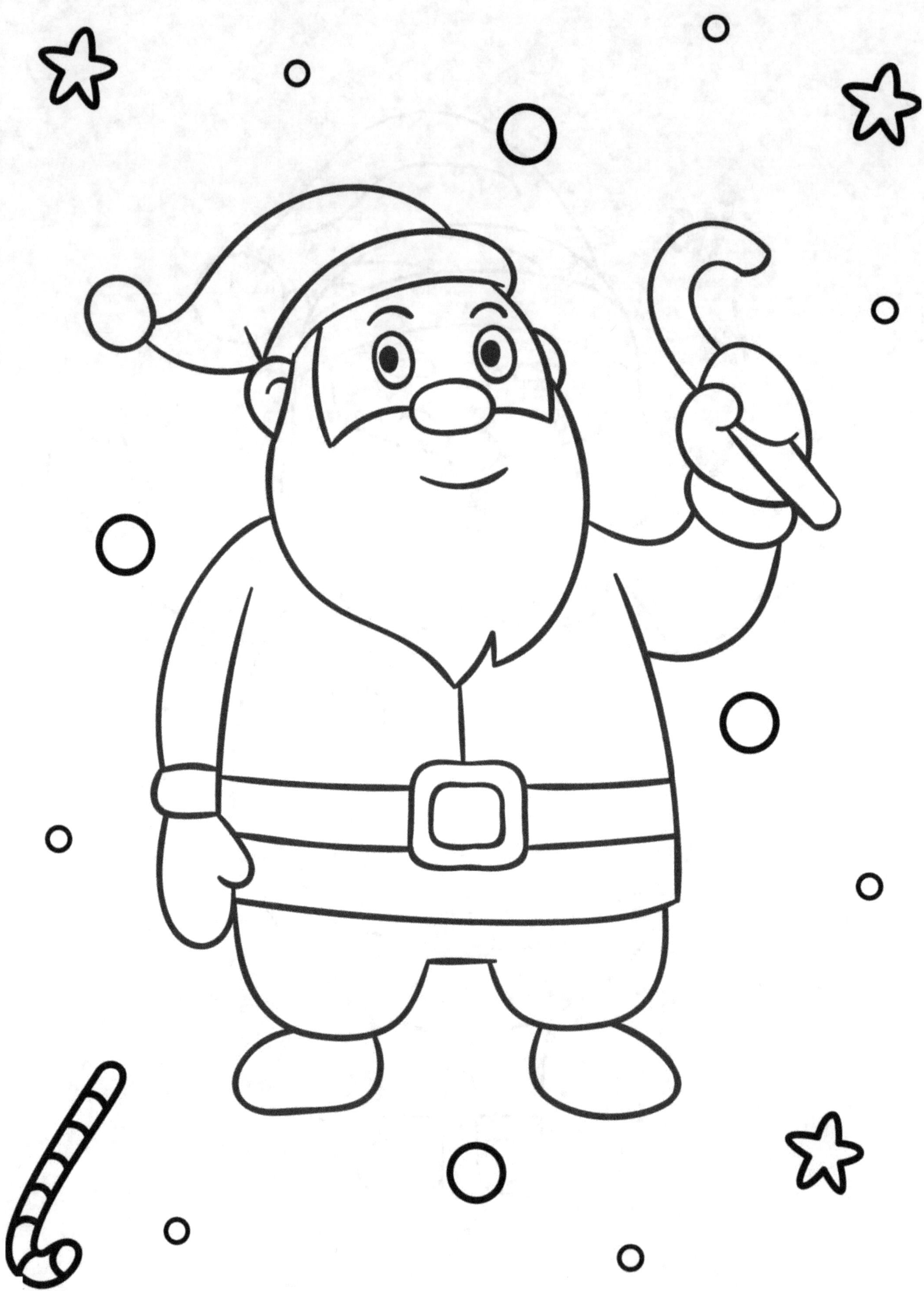

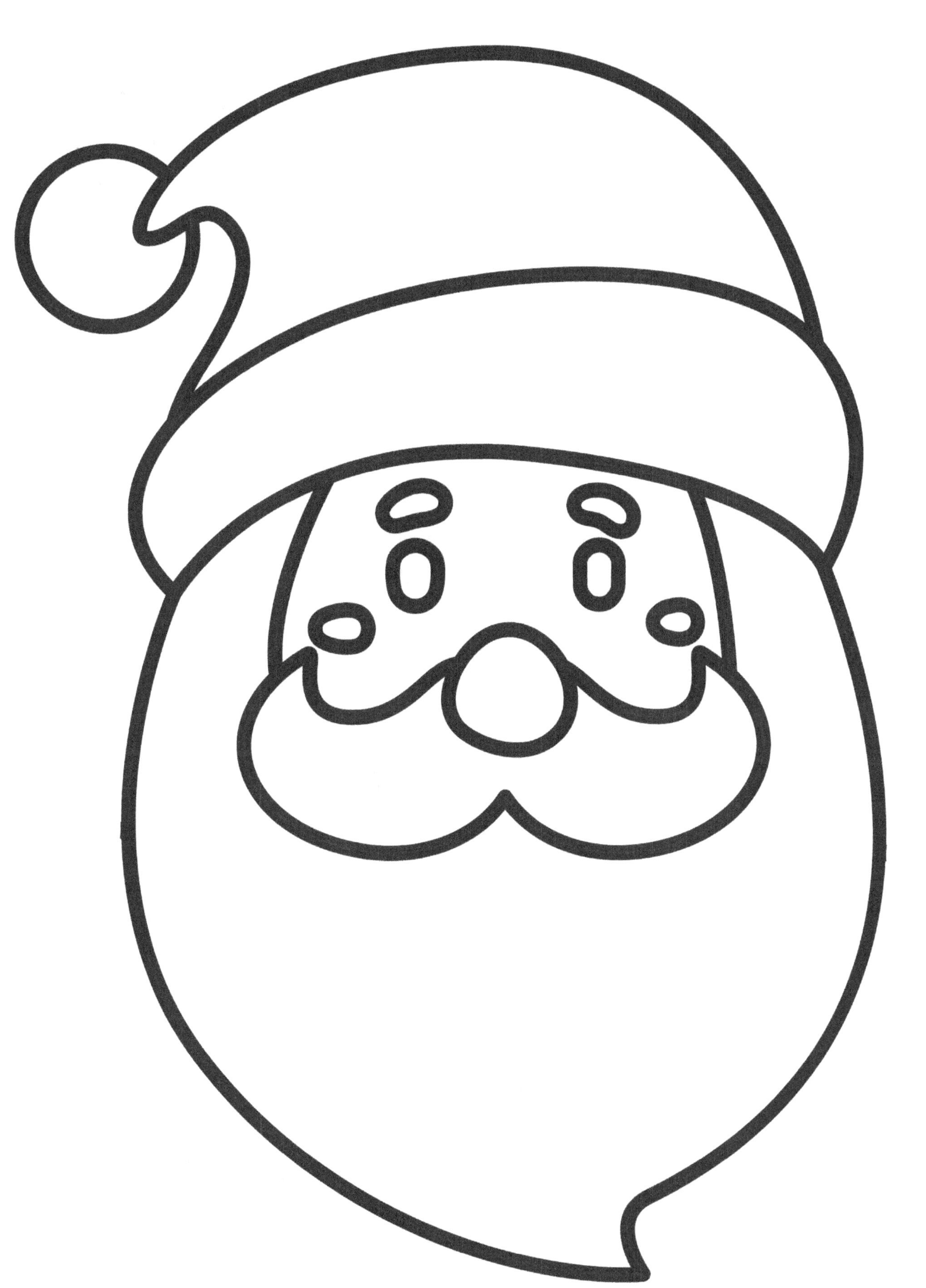

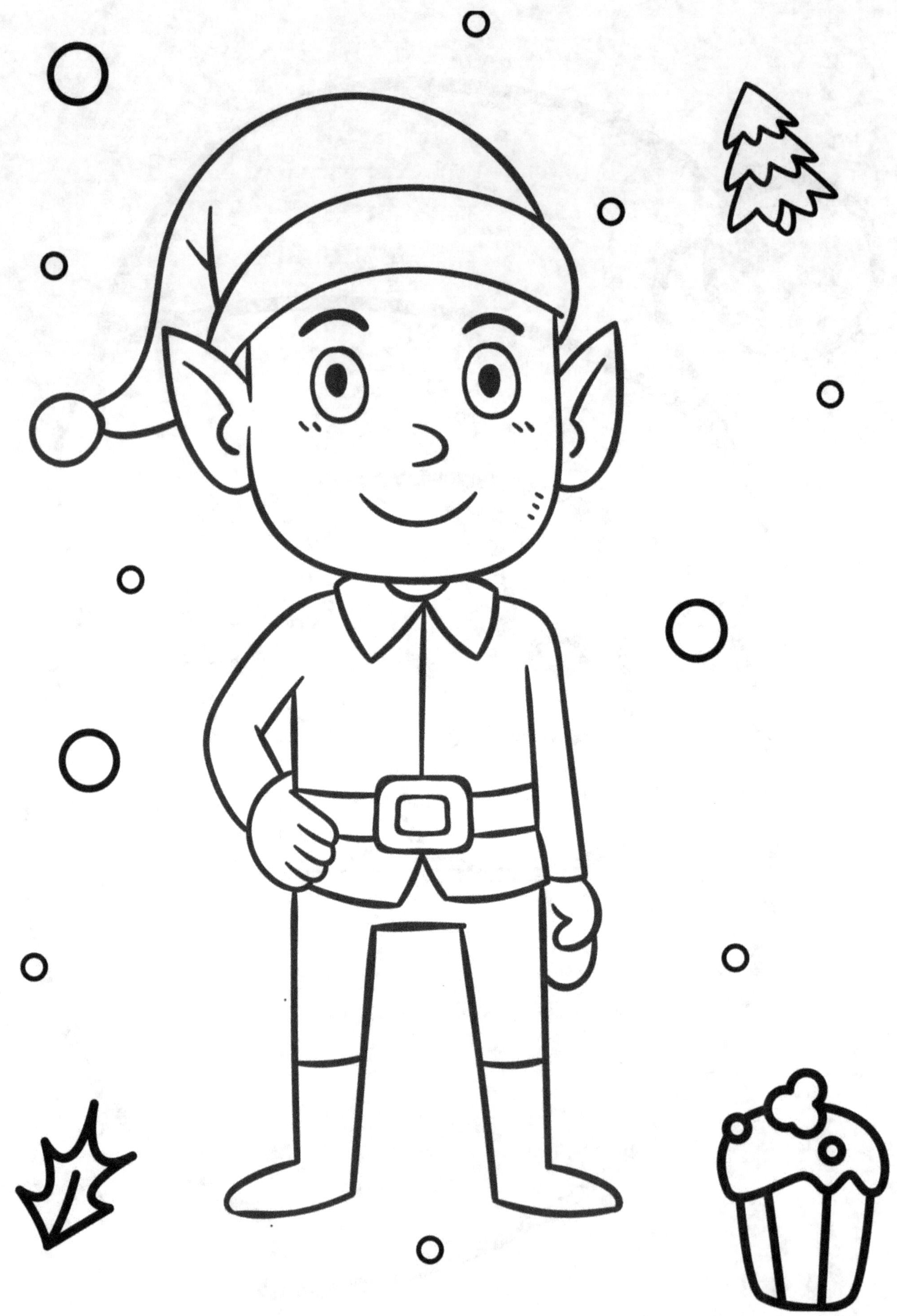

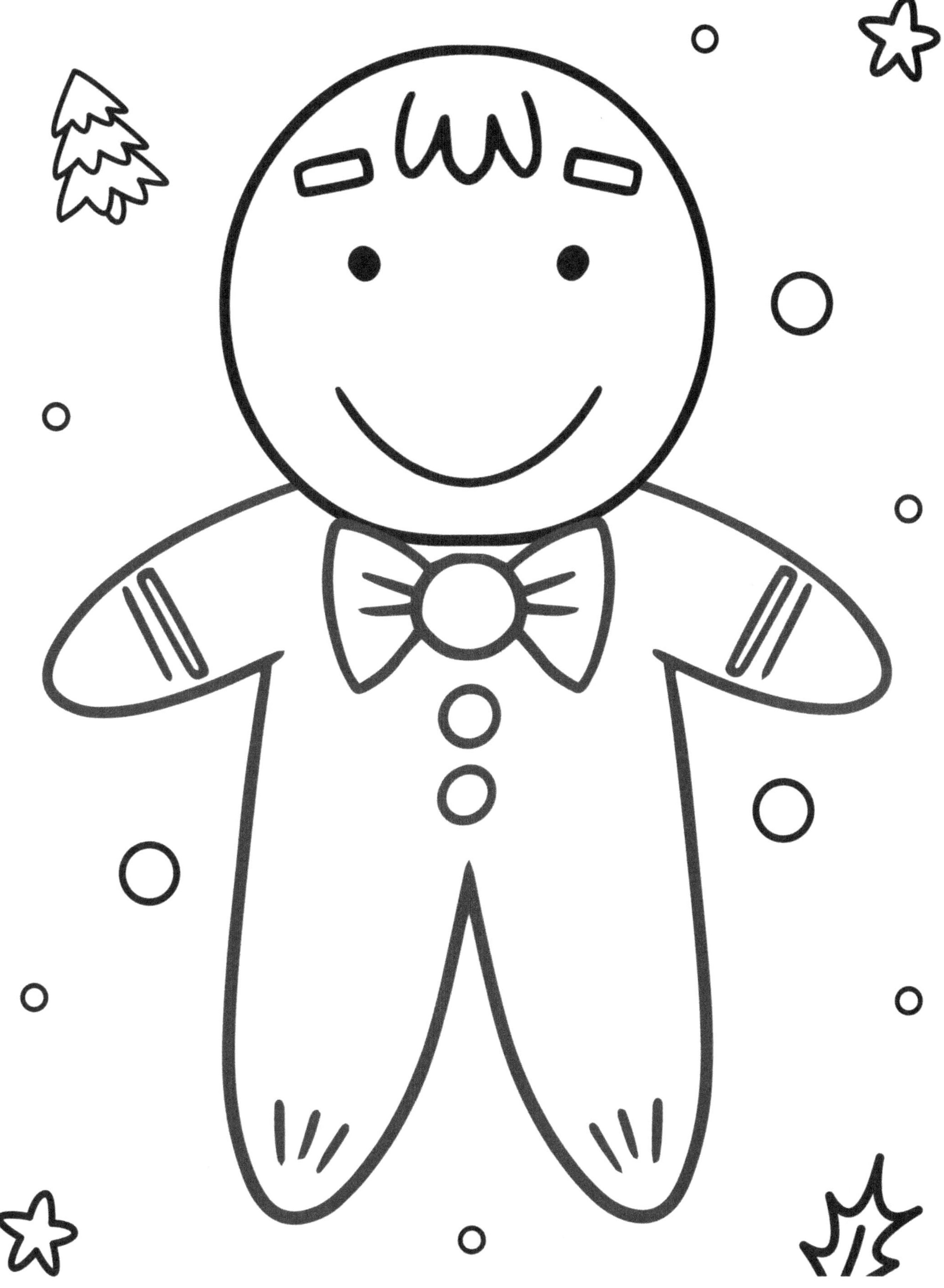

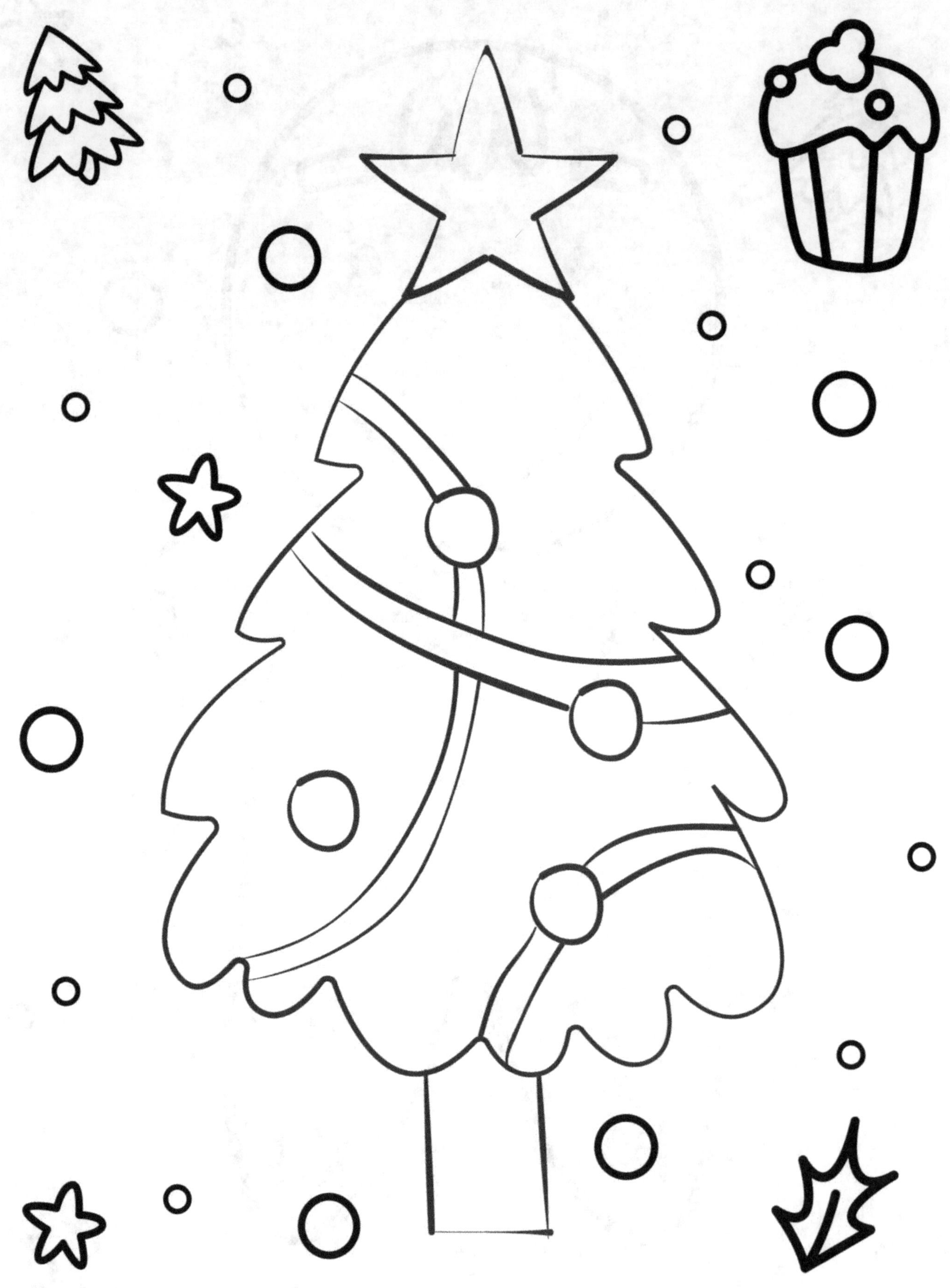

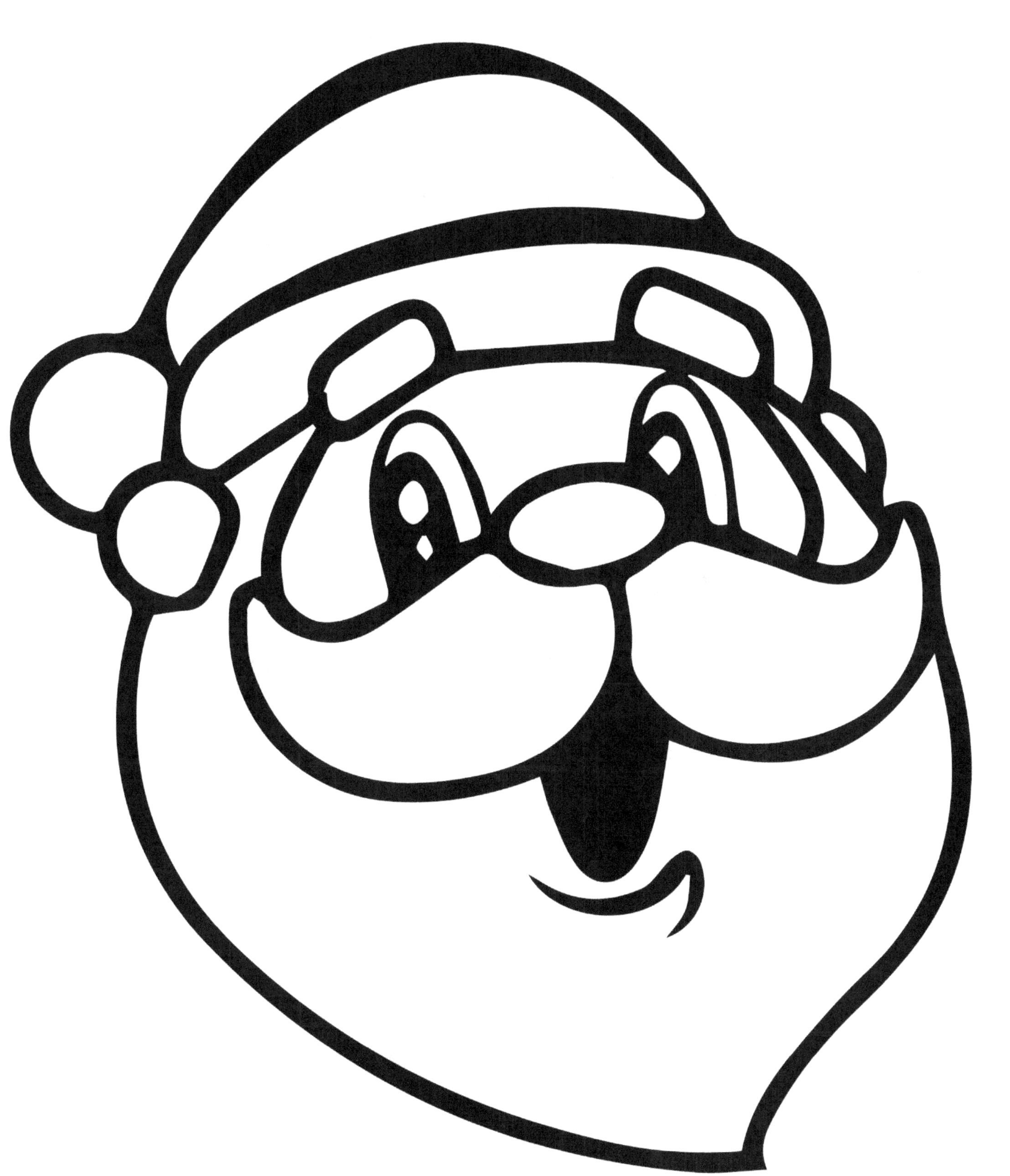

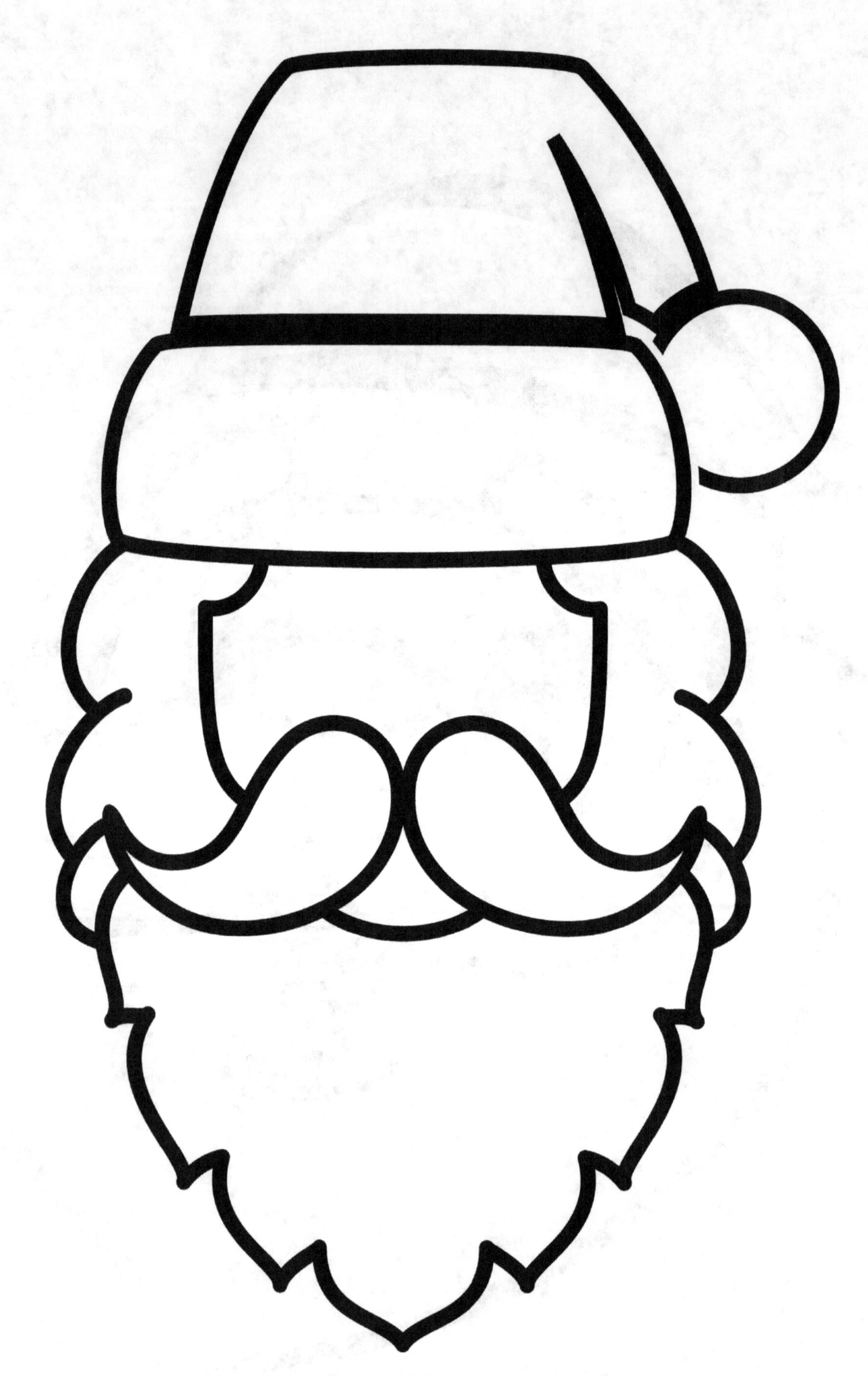

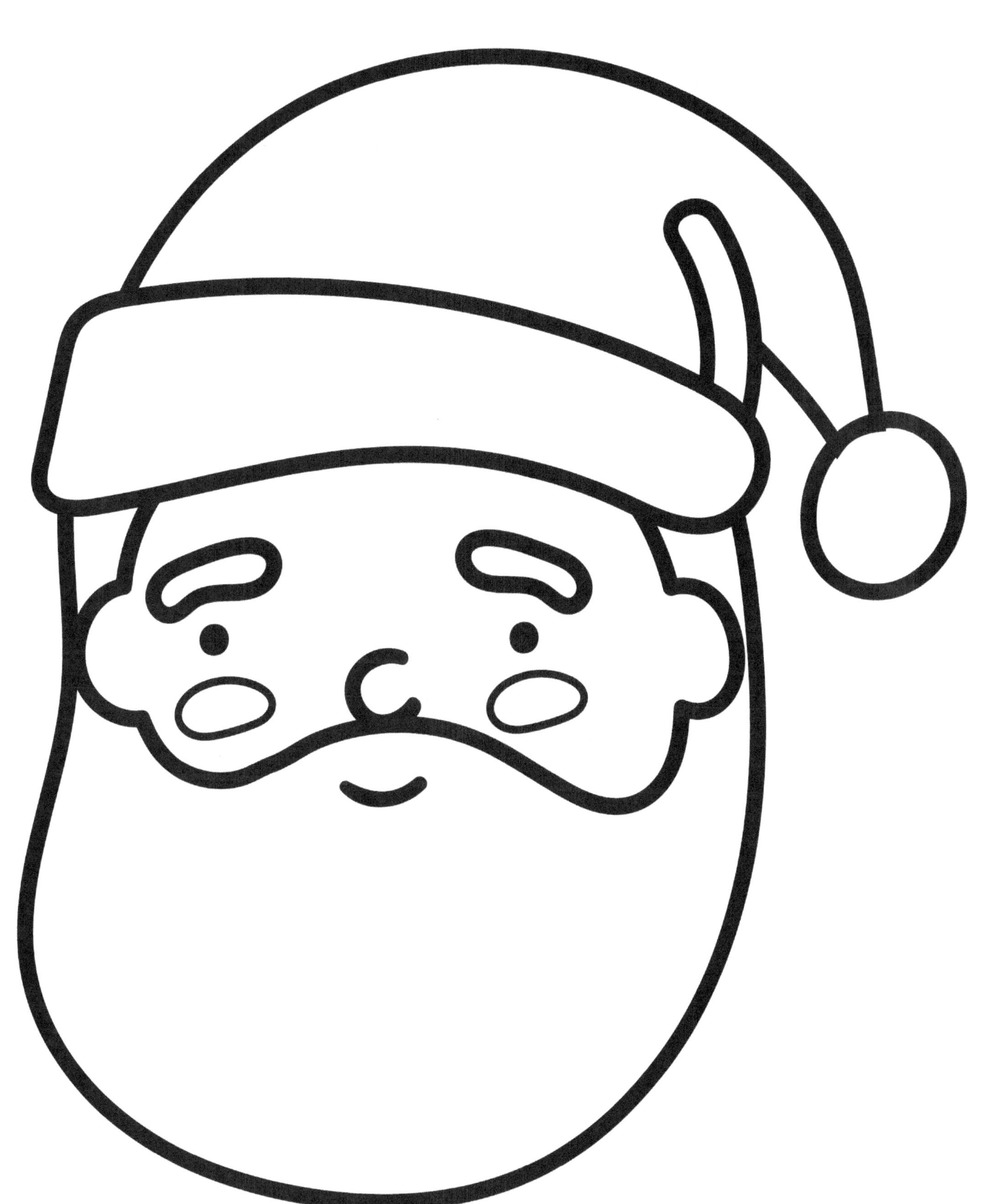

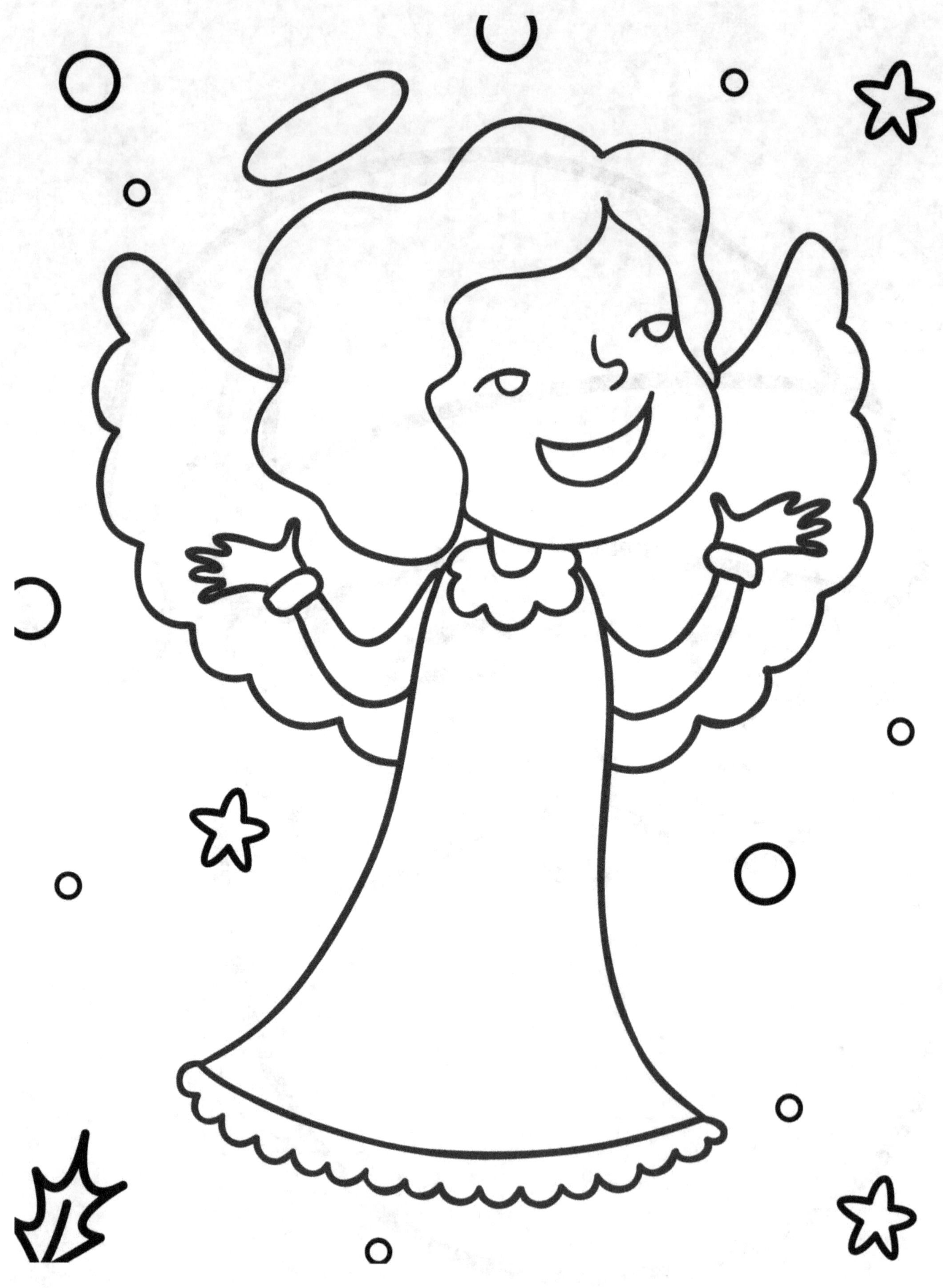